역전한인생

vs

여전한인생

역전한 인생 VS 여전한 인생

초판 1쇄 발행 2018년 2월 24일

지 은 이 구건서
발 행 인 권선복
편 　 집 권보송
디 자 인 서보미
일러스트 최민주
전 자 책 천훈민
마 케 팅 박순예
발 행 처 도서출판 행복에너지
출판등록 제315-2011-000035호
주 　 소 (157-010) 서울특별시 강서구 화곡로 232
전 　 화 0505-613-6133
팩 　 스 0303-0799-1560
홈페이지 www.happybook.or.kr
이 메 일 ksbdata@daum.net

값 15,000원
ISBN 979-11-5602-584-9　(03190)

도서출판 행복에너지는 독자 여러분의 아이디어와 원고 투고를 기다립니다. 책으로 만들기를 원하는 콘텐츠가 있으신 분은 이메일이나 홈페이지를 통해 간단한 기획서와 기획의도, 연락처 등을 보내주십시오. 행복에너지의 문은 언제나 활짝 열려 있습니다.

'인생역전, 이제 당신의 차례!'

역전한인생
vs
여전한인생

구건서 지음

8th Wheel
My Enthusiasm
(열정)

9th
The Meaning of Life
(삶의 향기)

에필로그

출간후기

프롤로그

꿈이 있는 자는 목표가 있고
목표가 있는 자는 계획을 세우고
계획이 있는 자는 실천을 하고
실천이 있는 자는 실적이 있고
실적이 있는 자는 반성을 하고
반성을 하는 자는
또 다른 새로운 꿈을 꾼다.

프롤로그

역전한 인생 VS 여전한 인생

인생역전이라고 하면 대부분 로또Lotto 당첨부터 떠올린다. 로또는 둘째 치고 사은품 한 번 당첨된 적이 없는 내가 인생역전에 대해 이야기한다는 게 어쩐지 어색하지만, 나는 내가 살아온 삶 자체가 '인생역전人生逆轉'이 아니겠느냐 하는 생각을 갖고 있다.

내가 말하는 인생역전은 한순간에 찾아오는 막대한 부, 우연히 얻어걸린 행운과는 전혀 다른 맥락을 갖고 있다. 이 책에서 얘기하는 인생역전은 로또가 아니라 자신의 '인생설계도'를 그려보고 끊임없이 도전하는 것이다. 건물을 설계한 사람은 그 건물이 완성된 모습을 미리 알 수 있듯이 스스로 인생을 설계한 사람은 자신의 미래를 미리 내다볼 수 있다.

1953년 미국의 예일대에서 학생들을 상대로 아주 간단한 설문조사를 했다. 설문지에는 이런 내용의 글이 있었다.

　1. 당신은 목표를 세웠습니까?
　2. 그 목표를 글로 적었습니까?
　3. 그 목표를 이루기 위해 계획을 세웠습니까?

　　위의 세 가지에 문항에 모두 'Yes'라고 대답한 학생은 전체의 3%에 불과한 것으로 나타났다. 싱겁기 그지없는 설문조사에 '뭐 이런 걸 물어보지?'라고 생각했던 학생들은 금세 설문조사에 대해 잊어버렸다. 그런데 이 설문지의 진짜 결과는 그로부터 20년 후에 드러났다. 20년이 지난 후, 당시 설문에 응했던 모든 학생들을 추적한 결과, 대상자 전체 자산의 97%를 세 가지 문항에 'Yes'라 답했던 3%의 학생들이 가지고 있다는 사실이 밝혀진 것이다. 3%에 불과한 인원이 97%의 사람들을 모두 합한 것보다 더 부자였던 것이다.

　　20년 전까지만 해도, 설문지 앞에서 볼펜을 들었던 학생 모두는 '예일대를 다니는 학생'일 뿐이었다. 그들 모두는 같은 출발선상에 서 있었으며, 비슷한 성적과 환경을 가지고 있었다. 그런데 왜 20년 후 단지 3%만이 역전한 인생을 살고, 97%에 달하는 많은 학생들은 왜 여전한 인생을 살아가며 신음하게 된 것일까?

　　그 차이는 3%의 학생들이 가진 '목표' 즉 '인생설계도'에서 비롯된 것이다. 20년의 세월 동안 꾸준히 목표를 세우고 그것을 달성해온 학생과 자신이 뭘 원하는지, 뭘 해야 하는지 모르는 채 그저 임기응변의 선택만을 거듭하며 흘러가는 대로 살아온 학생의 차이는 이토록 극명하게 갈린다. 결국 스스로 인생설계도와 인생항해도를 그려보고 항구를 떠나 자신이 스스로 인생항해를 하는 것이 바로 인생역전의 시작인 것이다.

중학교 중퇴의 학력(學歷)을 가진 소년원 출신의 가난하고 못 배운 사람이, 택시 운전을 하는 틈틈이 독학으로 공부하여 노무사 시험에 합격한 후 25권의 노사관계와 노동법 전문 서적을 출간하고 강의와 컨설팅을 통해 최고 전문가라는 소리를 듣고 있다. 쉰을 넘긴 나이에 검정고시와 독학사를 거쳐 석사 학위를 취득했으며, 예순을 넘겨서 법학박사 학위를 취득한 학력(學力)을 보면 인생역전했다는 평가를 받을 수도 있겠다. 내게 확고한 인생설계도와 목표가 없었더라면 나는 아직도 세상을 원망하고 남 탓을 하며 여전한 인생을 살아가고 있었을 것이다.

이제 여전한 인생에서 벗어나라! 로또 당첨은 순간의 행복에 그칠 수 있지만, 인생역전은 긴 여운을 남긴다. 로또 당첨은 814만분의 1의 확률밖에 되지 않지만, 인생역전은 2분의 1의 높은 확률을 보장한다. 로또에 당첨된 운 좋은 사람이, 그 행운을 끝까지 지키는 경우는 드물다. 공짜로 들어온 만큼 손쉽게 빠져나가기 때문이다. 그런데 인생역전은 먼 미래에도 잔잔한 파도를 남긴다. 땀과 열정을 바쳐 스스로 만들어낸 하나하나의 소중한 점이기 때문이다. 인생은 자신이 걸어온 점들의 연결이다. 점을 찍고, 그 점들을 연결하는 것이 한 사람의 인생 역정인 것이다. 인생이라는 긴 항해에서 자신이 도달하고자 하는 가치 있는 목적을 정하고, 이를 위해 꾸준히 열정을 쏟는다면 로또 당첨보다 훨씬 강력한 역전 기회를 잡을 수 있다.

나는 KBS 〈아침마당〉의 목요특강에 출연하여 '꿈, 도전, 자존감, 긍정, 끈기' 5가지 맥락으로 인생역전을 설명한 적이 있다. 역사적으로 인생에서 무언가 성취한 사람들은 대부분 큰 '꿈'을 가지고, 그 꿈을 이루려고 과감하게 '도전'하는 길을 택했다. 자신을 스스로 믿고 '자존감'을 지키며, 절대적인 '긍정'의 마음을 바탕으로 끝까지 포기하지 않고 '끈기'로 버텼다는 공통점이 있다. 행복하고 성취하는 인생살이는 세상이 주는 운과 내가 만들어 가는 운이 합쳐져야 가능하다. 아무리 운이 좋다고 하더라도 세상이 나에게 주는 운은 50%에 불과하고, 아무리 내가 노력한다고 하더라도 내가 만들 수 있는 운 역시 50%에 불과하다. 세상이 주는 50%의 운과 내가 만드는 50%의 운이 만나야 비로소 100%의 운이 만들어진다.

행운을 불러들이는 것은 지하수를 찾아내는 방식과 비슷하다. 물이 있을 만한 곳을 선정하여 파이프를 박는다. 지하수가 있을 수도 있고, 없을 수도 있다. 중요한 것은 목표를 달성할 때까지 '수많은 시도'를 해야 한다는 점이다. 성공하는 사람들은 물이 나올 때까지 포기하지 않고 계속해서 파이프를 박는다. 고작 한두 번 실패했다고 주저앉아 신세를 한탄하지 않는다. 남의 행운을 빼앗을 마음도 품지 않는다. 대신 행운을 맞이하려고 여러 사람을 만나 어울리며 다양한 정보를 수집한다. 그들은 언제나 한 바가지의 마중물을 준비해 놓는다.

펌프가 마르면 마중물을 이용해 지하수를 퍼 올리기 위해서다. 행운을 맞이하고자, 그리고 맞이한 행운을 지켜내려고 수시로 준비하고 점검한다. 그들은 물줄기가 언제든 바뀔 수 있음을 안다. 지하수의 흐름이 바뀔 수도 있고, 아예 고갈될 수도 있다. 흐름을 눈여겨보다가 트렌드와 타이밍을 찾아낸다.

심리학자 리차드 와이즈먼 박사는 BBC 다큐멘터리에 출연해 다음과 같이 말했다. "당신의 미래는 불변이 아닙니다. 평생 만날 행운의 양이 정해진 것도 아닙니다. 당신 스스로 바꿀 수 있어요. 많은 기회를 스스로 만들어내고, 행운을 만날 기회를 크게 늘리세요. 미래의 운은 당신 손안에 있습니다." 그의 말처럼 삶은 자신이 선택한 길을 걸어가는 여정이다. 그럼에도 우리는 내 탓이 아닌 주변 사람을 탓하면서 살아간다. 신을 저주하고, 부모를 원망하고, 대통령을 욕하고, 상사를 탓하고, 운명을 저주한다. 그리고 '어머니 왜 나를 낳으셨나요?'라고 가슴 아픈 절규를 퍼붓는다. 나 역시 마찬가지였다. 과거에는 가난한 집안을 탓하고, 부모를 원망하고, 공평하지 않은 세상을 욕하면서 살았다. 그런데 어느 순간 남 탓해 봐야 아무런 소용이 없다는 것을 깨닫고 스스로 살아남아야 한다는 반성과 자각을 하게 되었다. 생각은 하루를 바꾸고 실천은 인생을 바꾼다. 나는 우연한 자각을 계기로 오직 나만의 인생 항해도를 그리게 되었고, 그 끝에 꿈과 희망을 품을 수 있었다.

세계화, 무한 경쟁, 모바일 유비쿼터스, 초연결 경제를 중심으로 우리를 둘러싼 외부 환경은 정신을 못 차릴 만큼 빠르게 변하고 있다.

쓰나미 같은 외부 변화의 물결에 정작 우리는 어디로 가야 하는지 몰라 우왕좌왕하고 있다. 저출산·고령화 사회와 고용 없는 성장이 우리 앞에 다가오면서 청년 실업, 중장년 실직, 노년 파산이 벌어지고 있다. 사회 양극화 현상은 한층 심각해지고, 돈이면 뭐든지 할 수 있다는 천민자본주의가 기승을 부린다. 예의와 염치가 실종되고, 나만 잘 먹고 잘살면 된다는 나 홀로 '북극곰 사회Polar bear society'로 변질되어 가고 있다. 이제 우리는 풍족해진 물질만큼 정신적인 아름다움도 찾아야 한다. 다른 사람, 주변과 함께 어울려 살아가는 '펭귄 사회Penguin society'로 회귀해야 한다. 그러려면 우리에게는 외부 환경의 변화와 도전에 어떻게 응전해야 하는지, 어떤 세상을 만들 것인지, 어느 길로 가야 하는지 그리고 어떻게 살아야 하는지에 대한 나침반과 지도, 등대가 필요하다.

여기서 제시하는 '역전한 인생의 8가지 비결'은 꿈, 관계, 도전, 재능, 행동, 기본, 준비, 열정을 통해 자신만의 인생설계도를 그려내는 방법을 알려준다. 나에게 있는 꿈과 희망을 잘 토닥여 키워내고 다른 사람에게 꿈과 희망을 줄 수 있다면, 이 세상에 태어난 역할을 다한 것이 아닐까 생각한다.

이 책은 지독한 가난 때문에 중학교를 중퇴하고 가출한 소년이 자신에게 주어진 50%의 운을 100%의 행운으로 바꾼 인생 역정의 얘기다. 내가 살아온 과거, 현재 그리고 미래를 바라보면서, 이 책이 이 시대를 함께 살아가는 사람들의 인생 항로에 지침이 되는 나침반, 지도, 등대 그리고 더 나아가 내비게이션Navigation이 되었으면 하는 소박한 기대를 해본다.

1st Wheel
My Dream
(꿈)

생생하고 선명한 꿈을 꾸어라. 그리고 이루어질 때까지 열심히 공부하고 일하라.

우리 가슴에는 나이테가 그려져 있다.

꿈이 있는 삶은

희망과 생명의 나이테가

늘어날 것이고

꿈이 없는 삶은

절망과 좌절의 나이테가

늘어날 뿐이다.

−전옥표, 저서『이기는 습관』중에서

My Dream
(꿈)

꿈조차 가난했던 어린 시절

흔히 나이를 먹어 늙는 게 아니라 꿈을 잃어 늙는다는 말을 한다. 정말 맞는 말이다. 그래서 나는 예순을 넘긴 이 나이에도 날마다 새로운 꿈을 꾼다. 지금은 이렇게 쉽게 꿈을 얘기하지만, 사실 나는 꿈조차 변변히 꿀 수 없는 힘들고 어려운 환경 속에서 어린 시절을 보냈다.

가난한 꿈조차 꿀 수 없었던 그 시절이 지금은 아련한 추억으로 살아나는 것을 보면 가난이 반드시 나쁜 것만은 아닌 것 같다. 일본 파나소닉의 창업주 마쓰시타 고노스케는 가난, 못 배운 것 그리고 병치레 이 세 가지가 인생의 스승이었다고 말했다. 가난한 덕분에 어릴 적부터 구두닦이나 신문팔이 등을 하면서 스스로 돈 버는 방법을 터득했으며, 못 배운 덕분에 만나는 모든 사람에게 배움을 청할 수 있었고, 몸이 약한 덕분에 건강에 신경을 더 기울였다는 것이다.

무슨 일이든 '~때문에'라는 변명과 핑계보다 '~덕분에'라는 긍정적인 사고가 인생이라는 연극을 더욱 가치 있고 아름다운 것으로 만든다.

나는 충청북도 보은의 조그만 산골에서 5남매 중 맏이로 태어났다. 당시 대부분의 시골 사람들은 남의 땅을 빌려 농사를 짓는 소작농이었다. 우리 집 역시 변변한 땅 한 마지기 없는 형편으로, 글자 그대로 먹는 날보다 굶는 날이 더 많은 난감한 지경이었다. 쌀밥은 제사 때와 명절 때만 구경할 수 있었고, 보리밥에 고구마와 감자를 주식으로 삼았던 시절이었다. 생활수준이 이렇다 보니 어린아이들도 집안일과 농사를 거들어야 했다. 당시 현금을 만질 수 있는 유일한 농사가 담배였는데, 담배를 키울 만한 땅이 없어 '팔밭'이라 불리는 화전을 일구어 담배 모종을 심곤 하였다. 돌과 나무뿌리가 대부분인 팔밭에 이랑을 만들고 물지게로 물을 길어 붓고 모종을 심는 작업은 참으로 힘들었다. 일하기 싫어서 몰래 도망치고, 혼날까 봐 집에 들어가지도 못한 채 밤새 동네 어귀를 어슬렁거린 것도 이제는 아련한 추억으로 남았다.

내가 5학년을 마쳤을 무렵, 농촌 생활의 한계를 절감하신 아버지는 비록 노동일이지만 서울에 일자리를 구해 식구들을 올라오게 했다.

이삿짐이라야 시외버스에 다 실을 정도로 적었지만, 서울 생활에 거는 기대는 크기만 했다. 속칭 달동네로 통하는 삼양동 빨래골 단칸방에 할아버지를 포함한 여덟 식구가 둥지를 틀고 말뿐인 서울 생활을 시작했다. 당시에는 물이 귀해서 수돗물이 한 지게에 5원씩이나 했다. 결국, 우리 가족은 산 중턱 약수터에서 길어다 온 물로 식사며 세수, 빨래 등 모든 것을 해결해야 했다. 팔이 빠질 듯 무거웠던 물지게 때문에 어깨에는 물집이 가실 날이 없었다.

중학교에 입학하면서 우리 가족은 빨래골을 떠나 뚝섬으로 이사했다. 뚝섬에 마련한 우리 집은 구석기 시대에나 볼 수 있을 법한 움집이었다. 전세나 월세를 얻을 돈이 없어 빈 공터를 1년 단위로 빌리고 사람 키 정도 되는 땅을 파 그 위에 비닐을 덮어 머물 곳을 만든 것이었다. 수돗물은 물론 전기도 없었다. 물은 하우스 옆에 펌프를 설치해 해결했고, 불은 일명 '호야'라고 하는 석유등을 밝혀 생활했다. 서울 하늘 아래 살지만, 시골보다 못한 생활이었다. 라디오나 TV 등 문화생활은 꿈도 꿀 수 없었다. 간혹 동네 만화방에 가서 5원씩 주고 TV를 보는 것이 전부였다.

이러한 구석기 시대의 움집 생활은 내가 결혼해서 셋방을 얻을 때까지 계속되었으며, 부모님은 80년대 후반에 들어서야 그러한 생활을 청산하실 수 있었다. 땅속 비닐하우스에서 벗어나는 데는 무려 20년이라는 시간이 걸렸다. 삶을 바꾸는 것은 이토록 어려운 것이다.

'가출'로 시작한 인생

1972년 어느 날! 육중한 춘천소년원 철문이 열리고, 그 문을 나서는 17살 어린 내가 있다. 저 앞에 아버지와 어머니가 서 계신다. 아버지가 식당에서 두부 한 모를 사오고, 나는 그것을 받아먹는다. 두부를 먹는 것은 두부처럼 하얗게, 죄를 짓지 말고 깨끗하게 살라는 의미를 가지고 있다. 나는 소년원생이 아닌 사회인으로서 따뜻한 국밥을 말아 먹는다. 실로 오랜만에 감시가 없는 세상에서 자유를 누리며 편하게 먹는 음식이다.

무려 1년이라는 세월을 철조망 속 소년원에서 청소년기를 보냈다. 내 인생에서 소년원은 많은 것을 잃어버린 곳이지만, 아이러니하게 더 많은 것을 배운 곳이기도 하다. 나약한 철부지 소년에서 배짱 있는 청년으로 탈바꿈하는 계기Turning point가 되었고, 그곳에서 경험한 혹독한 시련이 가슴속에 커다란 응어리를 만드는 계기가 되었다. 그 응어리가 오기로 발동해 지금의 내가 존재하는 것인지도 모른다.

나는 왜 소년원 철조망 속에서 1년 넘게 자유를 잃고 감옥살이를 했을까? 그것은 내가 가출을 감행한 후 며칠 동안 굶다가 하도 배고파서 한 끼 밥을 먹기 위해 남의 핸드백을 훔쳤기 때문이었다. 빅토르 위고의 『레미제라블』에 등장하는 장발장처럼 나도 핸드백에 든 돈으로 눈물 젖은 빵을 먹고, 그 죗값을 톡톡히 치른 것이다.

결과적으로 나는 그 춥고 어두운 소년원에서 1년 동안이나 살아야

했다. 하지만 '인간 만사 새옹지마人間 萬事 塞翁之馬'라고 이때의 소년원 생활이 없었다면 지금의 나도 없었고, 그저 그렇고 여전한 삶에 그쳤을지도 모른다는 생각이 든다.

소년원은 나에게 인생이란 무엇인가를 확실히 가르쳐 준 하나의 인생 학교였다. 본격적인 연극이 시작되기 전 혹독한 연습을 치르게 했던 것이다. 내 인생 무대에서 부모를 떠나 나 스스로 주인공이 되는 계기가 불행(?)하게도 소년원이었던 셈이다. 성인이 되고 나면 연습할 기회가 없지만, 부모에게서 독립하기 전에는 학교가 연습 무대가 된다. 그런데 어쩌다 보니 학교가 아닌 소년원이 내 연습 무대가 되었을 뿐이다.

1971년 중학교 3학년의 시기에 학교를 때려치웠으니 엄밀히 말해 이것이 내 정규 학력의 전부가 되고 말았다. 제때 낼 수 없었던 등록금이 계기가 되어 소년원에 가게 되었고 결국 두 번 다시 학교로 돌아갈 수 없게 된 것이다. 지독하게 가난한 집안 형편에 학교에 다닌다는 것 자체도 어쩌면 호사였는지 모른다. 쌀이 없어 배급 밀가루로 연명하고, 비닐로 얼기설기 만든 땅속 움집에서 생활하던 시절이라 제때 등록금을 내는 것이 애초에 불가능했기 때문이다.

등록금도 등록금이지만, 사춘기가 한창인 때라 다른 친구들에게 빵을 얻어먹어야 하고 탁구 게임비도 내지 못하는 내가 미웠다. 차비가 없어 세 시간 정도씩 걸어 다니는 것도 그렇고, 괜히 친구들한테 폼 잡느라 아버지 뒷주머니에서 몰래 돈을 훔쳐 한턱 쏘는 내가 바보

같았다. 참고서 산다는 거짓말로 부모에게 돈을 뜯어내 만화방에 가서 온종일 죽치는 내 모습은 더더구나 싫었다. 가난한 집도 싫고, 구질구질하게 사는 나도 싫고, 등록금 안 가져온다고 닦달하는 담임선생님도 싫었다.

학교에서 아무리 등록금을 독촉해도 특별히 구할 방안이 있는 것도 아니니 뚜껑이 열리기 일보 직전이었다. 돈이 없어서 못 가져왔을 뿐인데 지랄도 참 되게 한다며 반항도 해보았지만, 어디까지나 마음속 깊은 곳에서 첨벙거릴 뿐 직접 겉으로 표현할 배짱은 없었다.

중학교 3학년 여름방학을 앞두고, 나는 등록금 내라고 받은 돈을 챙겨 집을 떠났다. 그 돈도 한 살 위인 삼촌이 보석세공소에서 돌가루를 먹어가며 고생해서 받은 월급을 통째로 준 것이었다. 돈 많이 벌어서 먹고 싶은 것 다 먹고, 갖고 싶은 것 다 갖고, 하고 싶은 것 다 하고, 부모에게 용돈도 넉넉히 드리고 싶은 어설픈 욕심도 있었다.

공장에 들어가든 가게 점원으로 취직하든 까짓것 뭘 못 하겠느냐는 똥배짱이 한몫했다. 용기백배! 그러나 막상 집을 떠나 보니 오라는 데는 없고 딱히 갈 데가 있는 것도 아니어서 이곳저곳을 하릴없이 배회하는 노숙자, 부랑아 처지가 되고 말았다.

공장에도 찾아가 보았지만, 반바지 차림에 학생복을 입고 가출한 어린애를 받아 줄 곳은 어디에도 없었다. 가지고 나온 돈이라야 겨우 등록금 1만 원 정도였으니 밥 사 먹고 하숙비 내고 나니 며칠 만에 빈털터리가 되는 것은 당연지사였다. 땡전 한 푼 없는 처지에 가출한 다른 또래들과 어울려 청량리 일대를 헤집고 다녔다. 배고프면 음식점에서 얻어먹기도 하고, 경우에 따라서는 훔치기도 하면서 나는 노숙자 생활에 점점 더 물들어 갔다. 다리 밑에서도 자고, 화물차 덮개를 덮어 추위를 피하기도 했다. 당장 배고픔을 해결해야 하는 처량한 신세로 전락했으니, 돈을 많이 벌어서 잘 먹고 잘살아 보겠다는 각오는 어느새 일장춘몽 一場春夢이 되어 버렸다.

세상이 만만한 게 아니란 것을 뼛속 깊이 느끼고 배운 시기였다. 아무것도 없는 나에게 하늘은 파란 것이 아니라 노랗다는 것도 그때 처음 알았다.

오천 원을 훔치다

아무것도 할 '일'이 없는, 비바람을 피할 '집'이 없는, 살아가기 위한 '먹을 것'이 없는, 갈아입을 '옷'이 없는 그리고 함께 얘기할 '가족과 친구'가 없는 삶은 참으로 비참하다. 집 나온 가출 학생 신분인 나는 그 어느 것도 갖고 있지 않았다. 갈 데가 없어서 청량리역과 마장동 터미널에서 비바람을 피하고, 그저 하릴없이 어슬렁거렸다. 학생복 반바지에 세수도 못 하고 혹시 얻어먹을 게 있을까 동냥하는 처량한 눈초리로 이곳저곳 기웃거렸다.

결국, 나는 며칠 동안 밥을 굶은 상태에서 하지 말아야 할 짓을 했다. 오직 빵 하나 사 먹을 돈이 필요했는데, 그 누구도 불쌍한 중생에게 먹을 것을 주지 않았다. 그렇다고 집에 들어갈 엄두도 나지 않았다. 그냥 집에 들어갈까 고민도 많이 했지만, 용기가 나질 않았던 것이다. 공장이나 식당을 더 열심히 찾아보았어야 했지만, 그러질 못하고 그냥 하루하루를 굶으며 보냈다. 배는 등가죽에 붙고 눈은 퀭하니 거의 미친놈 수준이었다.

그러다가 터미널 대합실 의자에서 아무도 신경 안 쓰는 핸드백을 발견하고 무작정 그것을 들고 나왔다. 들고 나왔다는 표현을 썼지만, 사실은 슬쩍 훔친 것이다. 핸드백 안에 든 오천 원으로 밥을 사 먹고 빵도 실컷 먹었다. 그야말로 눈물에 젖은 빵을 꾸역꾸역 입속에 넣었다. 이럴 줄 알았으면 집을 나오지 말걸 그랬다는 후회도 밀려왔지만, 이미 때는 늦었다. 갈 데도 마땅치 않아 다시 터미널 대합실을 찾았다가 이미 신고를 받고 범인 수색에 나선 파출소 순경한테 잡혔다. 현행범으로 체포되는 순간이었다. 이제 밥은 안 굶어도 되니까 오히려 잡히길 잘했다는 생각도 잠시나마 뇌리를 스쳤다. 내 인생의 본격적인 제1막은 이렇게 가출과 노숙 그리고 도둑놈으로 파출소에 끌려가는 장면에서 시작된다.

파출소에서 심문은 일사천리로 진행되었다. 내가 내 죄를 부인하는 것도 아니었기에 조서를 꾸미고 파출소에서 경찰서로 넘기는 시간이 얼마 걸리지 않았다. 다만, 나는 인적사항은 철저히 숨기기로 마음먹고 모든 것을 거짓으로 말했다. 사실대로 말하면 학교에 알려

29

질 것이고, 부모가 찾아올 것이고, 친구들에게 창피할 것이라는 생각 때문이었다.

파출소에서 일문일답은 형식적으로 넘어갔다. 멀쩡하게 살아계신 부모도 안 계신다고 했다. 파출소에서 몇 정거장 거리에 있는 학교도 숨겼다.

"집이 어디냐?"

"집 없어요."

"그럼 부모님은 계시냐?"

"아니요, 고아예요."

"어느 고아원인데?"

"뚝섬에 있는 고아원이요."

"고아원에서 언제 나왔는데?"

"꽤 됐어요."

"핸드백 훔친 것은 사실이지?"

"네."

"돈은 얼마나 있었는데?"

"오천 원이요."

"그 돈으로 뭐 했는데?

"그냥 밥 사 먹고 빵 사 먹는 데 썼어요."

그렇게 나는 천애고아天涯孤兒가 되었고 곧바로 청량리 경찰서 유치장에 수감되었다. 모든 것을 숨겼지만, 딱 한 가지 저지른 실수가 있다. 본적에 내가 태어난 충북 보은을 있는 그대로 적은 것이다. 나중에 재판 과정에서 시골에 계신 종조부께 내용 증명이 배달되었고, 결국 내가 소년원에 있다는 것을 부모님도 아시게 되었다.

소년원으로

경찰서 유치장에서 일주일을 더 있다가 서대문구치소 미결감방으로 이송되었다. 현재는 아름다운 공원으로 조성되었지만, 40여 년 전만 하더라도 발가벗겨 DDT를 온몸에 뿌리고 호된 신고식도 거쳐야 했던 곳이다. 미결감방에 나 말고도 성인 죄수가 여러 명 있었고, 말로만 듣던 콩밥을 처음으로 먹어 봤다. 보리쌀 위주인 밥에다가 콩을 상당히 많이 섞은 콩밥은 틀에 찍어 큰 덩어리로 나왔는데, 속칭 '5등가다'라는 표현을 썼다. 그리고 반찬은 짜디짠 장아찌가 전부라고 해도 과언이 아니었다.

구치소 감방 생활은 잘 기억나지 않는다. 창문이 너무 높다는 것과 삐거덕거리는 마룻바닥, 똥오줌을 처리하는 '뻥끼통'이 생각날 뿐이다. 그리고 어디서 구했는지 모르지만 담배를 한 모금씩 돌려가면서 피우고, 어떻게 가져왔는지 모를 돈이 오가는 모습이 아련히 떠오른다. 칫솔로 만든 감옥용 라이터로 담뱃불을 붙이는 모습도 신기한 잔영 가운데 하나이다.

얼마 후 나는 미성년자라서 소년원 송치 결정이 났고 불광동 소년원으로 이감되었다. 재판 때까지 약 2개월간 참으로 고역인 생활을 했다. 위계질서가 엄격해 요장, 행정, 반장 등 높으신 분들(?)이 있었고 온종일 허리를 똑바로 세운 채 양반다리로 앉아 있어야만 했다.

시간마다 '열 차렷!' 구호에 맞춰 반복된 행동을 해야 했고, 만약 틀리면 가차 없이 주먹이 올라왔다. 맞지 않으려면 긴장을 늦추지 말아야 했다. '열중쉬어!' 구호에 차렷 자세를 취하거나 '차렷!' 구호에 열중쉬어 자세를 취하면 가차 없이 주먹이 날아왔다. 한 번 맞으면 정신이 멍하고 숨이 끊어질 것같이 아팠다. 그래도 찍소리 못 하고 아프다는 비명도 못 질렀다. 더 많은 매가 돌아왔기 때문이다.

조그만 방에 수십 명을 수용하다 보니 온몸 여기저기에 고름이 생기는 피부병을 비롯하여 각종 질병이 만연했지만, 제대로 치료를 받아 본 기억이 없다. 쓰라려서 미칠 것 같아도 마이신 가루를 상처에 털어 넣는 원시적인 방법이 동원될 뿐이었다. 세수도 고양이처럼 그냥 물만 바르고 다음 사람을 위해 비켜주어야 했다. 그야말로 사람으로서 받아야 할 고통은 거기서 다 겪었다.

세상에서 아무리 힘든 일이 있다고 해도, 그곳에서 겪은 것에 비하면 그야말로 새 발의 피에 불과하다. 그래서인지 '까짓것 소년원에서도 살아남았는데, 이것도 못 버티면 되겠나?'라는 쓸데없는 자신감이 여태 내 가슴 한구석에 남아 있는 것일지도 모른다.

칼잠을 자는 것도 큰 고통이었다. 똑바로 누우면 자리가 부족해 힘없는 원생들은 옆으로 빽빽이 붙어 잠을 자야 했다. 이를 '칼잠'이

32

라고 하는데, 옆으로 칼을 세우는 것과 비슷한 자세라서 그런 이름을 붙였을 것이다. 베개와 이불도 없이 옆으로 몸을 세워 잠을 잔다는 것은 고행의 연속이었다.

먹는 것도 당연히 부실할 수밖에 없었다. 누군가 면회라도 온다면 나가서 많이 먹고 들어오면 되지만, 나는 부모에게 연락하지 않았고, 서류상으로도 고아로 처리된 탓에 그런 호사를 누릴 수 없었다. 오직 콩 섞인 꽁보리밥과 돼지가 헤엄치고 간 멀건 국물을 먹는 것이 전부였다. 그리고 그때 생긴 피부병은 아직도 훈장처럼 흉터로 남았다.

그래도 법무부 시계는 돌아가고 얼마 후 가정법원 재판이 진행되었다. 재판이라고 해야 이름과 주소를 물어보는 것이 끝이고 1분도 안 되는 시간 안에 1호 처분에서 5호 처분까지 결정된다. 1호 처분은 가정에 위탁하는 것으로 그대로 집에 돌아가지만, 5호 처분은 소년원에서 6개월에서 1년을 복역하게 된다. 부모가 있는 원생 대부분은 관대한 1호 처분을 받았지만, 나는 고아로 기록된 터라 별다른 심문도 없이 5호 처분이 결정되었다.

시골 종조부로부터 연락을 받은 부모님이 재판정에 오셨지만, 이미 때는 늦었고 나는 다시 불광동 소년원에서 미결이 아닌 기결 생활을 하게 되었다.

춘천소년원의 생활

5호 처분을 받은 후 기결감방으로 옮겨져 군대 생활과 비슷한 내무반 생활을 하게 되었다. 군기도 엄격하고 제식 훈련부터 학교 공부까지 모든 것이 힘든 생활이었다.

나이 많은 선배들의 괴롭힘과 구타도 보통이 아니었다. 왕따는 당연하고 '다구리'라고 해서 돌려가며 두들겨 패는 행사도 가끔 벌어졌다. 그러한 괴롭힘을 피하는 방법은 면회 때 돈을 숨겨 들어와 힘센 방장한테 바치는 것인데, 나도 부모가 면회를 왔을 때 어떻게든 돈을 타내 방장에게 헌납한 기억이 있다. 잠깐은 편하게 지냈지만, 그 사람이 출감하고 다른 사람이 방장이 되면 괴롭힘은 예전과 똑같았다. 권력이 이동하는 것을 몰랐던 것이다. 단순하게 먹고, 싸고, 자고, 얻어터지고, 제식 훈련과 '열 차렷!'을 받는 지옥 같은 하루하루가 지나가고 얼마 후 춘천소년원으로 이송되었다.

불광동에서 닭장차(호송차)를 타고 청량리역에서 기차로 갈아탄 다음 다시 춘천역에서 닭장차로 바꾸어 타는 고된 과정을 밟았다. 나의 죄목이 절도이면서도 핸드백을 날치기한 것으로 기록되어 죄질이 나쁜 편에 들었기에 춘천으로 이송된 것이다. 그냥 도둑놈이 아니고 범죄학적으로 경력을 인정받는 기술 절도(핸드백 날치기)였기 때문이다. 겨우 밥 한 그릇 사 먹고 눈물 젖은 빵 몇 조각 살 돈을 훔친 죄가 그렇게 큰 대가를 치러야 하는 범죄인 줄은 미처 몰랐다.

처음 조서를 꾸밀 당시와 마찬가지로 부모 없는 고아로 계속 기록에 남았기에 정황이 불리하게만 돌아갔다. '파출소에 잡혀갔을 때, 부모에게 연락했더라면 이런 생고생은 안 했을 텐데' 하고 후회도 했다. 그러나 이미 다 엎질러진 물 아닌가. 악착같이 버티고 살아남아야 했다.

춘천소년원은 소년원 중에서도 가장 힘들다고 소문난 악명 높은 곳이다. 춘천에서도 춥고 배고프긴 매한가지였다. 아니, 불광동에서 생활은 오히려 천국이었다. 처음부터 군기를 잡는답시고 엎드려뻗쳐! 대가리 박아! 원산폭격! 등 각종 기합과 줄빳다에 심신이 지쳐 갔다. 밴드부에도 들어가야 했는데, 제식 훈련 때 내가 부는 나팔(색소폰)에서 자칫 삑 소리라도 나면 그날은 초상날이 되곤 했다.

저녁이나 아침 점호 시간에 가차 없이 돌아오는 가혹 행위는 어린 내가 버티기에 너무나 힘들었다. 하루에도 수십 번 철조망 너머로 도망가는 꿈을 꾸지만, 용기가 없어서 실제로 시도하지 못했다. 손과 발이 동상에 걸리고 영하 20도의 추위에도 얇은 면으로 된 양말을 신고 버텼다. 먹는 것도 부실할 수밖에 없어서 가끔 봉사단체에서 나와 배급하는 팥죽이나 크림빵은 입에서 살살 녹았다.

그나마 다행이었던 것은 중학교 3학년을 다닌 덕분에, 게다가 공부도 제법 했던(?) 터라 소년원에서 가장 공부 잘하는 모범원생으로 인정받은 점이다. 가끔 중학교 영어책을 잘 읽고 해석한 덕에 특식을 타 먹을 수 있었다. 학교를 때려치우기 전 3학년 때 최고 성적이 반에서 2등을 한 번인가 한 것이었는데, 그것을 소년원에서 이렇게 요긴하게 써먹을 줄은 몰랐다.

　나도 마찬가지지만, 소년원에 들어온 아이들 대부분은 가정 형편이 좋지 않거나 사회에 불만을 품었기에 제대로 공부한 사람이 드물었다. 따라서 영어책이라도 읽을 줄 안다는 것 자체가 대단한 힘이 되었다.

소년원에서의 깨달음

　『내가 정말 알아야 할 모든 것은 유치원에서 배웠다』라는 책도 있지만, 나는 인생의 모든 것을 소년원에서 배웠다. 세상을 어떻게 살아가야 하는지, 조직에서 살아남는 방법은 무엇인지, 그리고 무엇을 꿈꾸고 준비해야 하는지를 그곳에서 터득할 수 있었다. 험한 세상은 착하고 약한 사람을 대접하지 않는다. 약자를 짓밟는 것에서 카타르시스Catharsis를 느끼는 것이 강자의 속성이기 때문이다.

　소년원은 철저하게 약육강식의 법칙이 존재하는 계급 사회이며 강한 군기 속에서 딴마음을 먹지 못하도록 보이지 않는 묵계가 지배했다. 나는 나이도 어린 데다 학교만 다녔지 조폭이나 똘마니로 크게 놀아본 경험도 없어서 그 안에 있는 다른 친구들에 비하면 애송이에 불과했다. 놀림감이 되기도 하고 분풀이의 대상이 되기도 했다. 시간이 남아도는 고참들은 나 같은 약자를 잘도 가지고 놀았다. 쓸데없는 핑계를 만들어 기합을 주고 때리고 자기들끼리 낄낄거리며 웃었다.

그런데 어느 누가 강하게 대들어 한바탕 난리를 피우고 난 뒤 그 사람은 열외가 되는 것을 봤다. 고문관 취급을 하며 다른 사람들이 무서워서 건들지를 않았던 것이다. 그러면 그 사람은 아주 편하게 남은 생활을 즐겼다.

어느 날인가 나도 더는 못 버티겠다는 벼랑 끝 심정으로 저돌적인 행동을 보였다. 그 사람들에게 지배당하는 것이 아니라 내가 오히려 그들 위에 서는 기회를 자연스럽게 만든 것이다.

다름 아닌 '곡괭이 빳다 30대' 사건은 그렇게 시작되었다. 아무런 이유 없이 전체 기합을 받는 과정에서 당시 권력 서열 1위인 최고참에게 왜 기합을 받아야 하는지 모르겠다고 대들었다. 최고참은 건방지다며 마루 밑에 숨겨 놓았던 곡괭이 자루를 꺼내들었다. 나는 30대를 맞고 정신을 잃었다. 물론 내 입에서 잘못했다는 얘기가 나왔다면 몇 대로 끝났겠지만, 깡다구로 끝까지 버티는 바람에 매가 늘어났다.

그 후 한 달을 꼼짝 못하고 누워 있어야만 했다. 시퍼렇게 멍든 엉덩이와 허벅지를 볼 때마다 반드시 복수하리라 다짐했다. 30대를 때린 놈도 지독했지만, 나도 참 지독하게 참았다. 기절하는 순간까지도 끝까지 버텨야겠다고 생각한 것은, 여기서 무너지면 앞으로 남은 생활이 더 힘들 것임을 직감했기 때문이다. 그렇게 악과 깡으로 매타작을 버티는 것을 본 같은 내무반 고참들은 고개를 절레절레 흔들며 그 후 나를 모든 기합에서 열외 시켰다. 또한, 나는 2인자 자리까지 오르는 영광(?)을 차지했다.

그 사건 이후 특별히 나를 괴롭히는 사람은 없었다. 깡다구가 없으면 소년원이라는 특별한 조직에서 살아남기 어려웠다. 싸움을 잘하고 못하고는 그 다음 문제이며, 상대방과 한판 강하게 붙을 자신이 없으면 그 사람 밑에서 충성을 바쳐야 하는 것이 생리였다.

나는 그런 환경을 겪으며 어느 조직에서나 대장이 되려면 배짱이 필요하다는 것을 배웠고, 이 교훈은 소년원을 떠나 사회생활을 하면서도 나에게 큰 도움이 되었다. 중학교 중퇴 학력으로 택시 운전을 하면서도 공인노무사 시험에 과감히 도전한 것도 그곳에서 배운 깡다구가 한몫을 했다.

다른 친구들보다 영어책을 조금 더 잘 읽는 것과, 빳다 30대를 맞고도 버틴 위력은 실로 대단했다. 시간이 지나면서 그곳에서 1인자(?) 노릇도 하고, 철조망 너머 외부로 부식도 사러 나가는 특권을 누렸으니, 나약한 가출 소년은 1년 만에 강하고 배짱 있는 청년으로 변한 것이다.

연습 무대를 벗어나 인생의 제1막 무대는 그렇게 나 자신을 벼랑 끝에서 끌어올린 인고의 시간이었다. 그곳에서 겪은 무지막지한 경험이 사회에 나와서는 오히려 큰 도움이 되었다. 방위병 생활을 할 때도 고참들이 나에게 함부로 못 덤볐으며, 노동조합 조직 활동을 할 때도 그곳에서 키운 똥배짱이 한몫했다. 사회 어디에서나 기본적으로 '실력'을 갖추고 깡다구로 '도전'하면 어떤 시련도 극복할 수 있는 힘이 생긴다. 실력을 바탕으로 포기하지 않고 도전한다면 이루지 못할 일이 없는 것이다.

소년원 철문을 나오면서 나는 꼭 사법 시험에 합격하여 힘없고 빽없는 사람들을 도와주는 변호사가 되어야겠다는 꿈을 품었다. '유전무죄 무전유죄有錢無罪 無錢有罪'라는 말이 유행한 적이 있다. 나 역시 돈도 없고 든든한 빽은 물론 아는 사람조차 없었다. 나보다 더 큰 죄를 저지른 사람은 1호 처분을 받고 집으로 가는데, 나는 5호 처분으로 몇 개월 더 생고생을 한 것이 진짜 억울하다는 생각도 들었다. 억울함에 대한 한풀이도 있었지만, 변호사 시험에 합격하여 나와 같이 무전유죄로 힘들어 하는 사람들을 돕고 싶은 욕심도 있었다.

바로 이 생각이 오늘의 나를 있게 만들었다. 더 삐뚤어지지 않고 올바른 인생을 살아오도록 만든 것도 따지고 보면 그곳에서 겪은 아픈 경험이 있었기에 가능하지 않았겠는가.

그 후에도 수차례 더 사법시험에 도전했으나 불합격의 쓴잔을 마셨다. 그렇지만 변호사가 되어 힘든 사람들을 도와주겠다는 큰 꿈을 갖고 꾸준히 노력하다보니 어느새 공인노무사가 되어 있었다. 누구보다 더 열심히 공부하고, 더 열정적으로 활동한 덕분에 법학박사 학위까지 취득하게 되었다.

비록 한때의 잘못된 판단으로 소년원까지 이르렀으나 그곳에서 인생의 많은 교훈들을 배웠고, 그것이 오늘의 나를 만드는 자양분이 된 것이다.

'한 권의 꿈'을 찾다

소년원 출신과 중학교 중퇴라는 낙인은 오랫동안 나에게 남았다. 특히 소년원에 갔었다는 것은 30년을 함께한 나의 사랑하는 아내에게도 얘기하지 못했고, 아들에게도 그러한 가슴 아픈 과거를 알리지 못했다. 얘기하지 못한 것이 아니라 차마 할 수 없었다. 수십 번, 수백 번 속으로 되뇌다가 겨우 겉으로 표현한 것이 『석세스 내비게이터십』이라는 책을 내면서 책 속에 간접적으로 토로했을 뿐이다. 얘기해야겠다고 아무리 다짐해도 쉽게 입이 떨어지지 않았다.

중학교 중퇴라는 낮은 학력도 공인노무사 시험에 합격한 후에야 말할 수 있었으니, 내 인생의 연극 시나리오는 썼다가 찢어버린 공책처럼 군데군데 빈 공간이 넘쳐난다.

학벌이라는 거대한 벽은 항상 내 뒤를 쫓아다니며 괴롭히는 거머리 같은 존재였다. 가출과 방황 끝에 중학교를 그만둘 당시만 해도 나는 그 사실이 내 인생에서 그토록 큰 걸림돌이 될 줄 미처 몰랐다. 그저 남과 같이 열심히 일하면 어엿하게 사회의 한 축으로 대접받을 것이라는 순진한 마음을 가졌던 것이다.

하지만 우리 사회 조직의 현실은 대부분이 학벌의 단층 구조로 이루어져 있다. 일단 대학을 나와야 사회가 기본적 가치를 인정한다. 대학 중에서도 일류라 불리는 몇몇 대학 출신이 이 사회의 모든 분야에서 중추적인 역할을 담당한다.

중학교를 그만두고 집을 나와 방황하던 시절, 나는 온갖 직업을 전전하며 세상의 밑바닥 생활을 경험했다. 옷가게 점원, 양말이나 덧버선을 파는 노점상, 야채행상, 과일장수, 포장마차, 엿장수, 고물장수, 공사판 일일잡부, 농장 목부 등 세상에는 생각보다 고된 일이 너무 많았고, 그에 대한 보상은 너무도 보잘것없었다.

평생 뼈 빠지게 일해도 가난을 벗어날 수 없는 생활, 그런 인생을 운명이라 여기며 순응해야 하는 처지의 사람들…. 비루한 체험들은 내 인생의 소중한 경험이 되었고, 이렇게 평생을 살다 죽을 수는 없다는 깨달음을 온몸으로 확인하는 계기가 되었다. 그렇게 하루살이 인생을 살아가다가 청계천 헌책방 앞을 그냥 지나치지 못하는 자신을 발견하였다. 또 다른 꿈과 희망을 찾아낸 것이다.

고향 친구도 없었고, 학교 친구도 없었고, 그렇다고 변변한 직장도 다니지 못한 관계로 서로 터놓고 이야기할 상대가 없다 보니 시간을 때우기 위해 책을 가까이하게 되었다.

엿장수와 고물장사를 하면서 헌책을 쉽게 접할 수 있었고, 시간이 날 때마다 청계천에 있는 헌책방을 순례하며 100원짜리 책을 사다

읽었다. 그러다 보니 책 모으는 것이 하나의 취미가 되었다. 밤을 새워가며 헌책을 친구 삼아 책과 대화하고 토론한 것이 결과적으로 25권의 전문 서적을 낸 바탕이 되었다. 「남아수독오거서男兒須讀五車書」라는 두보 시를 떠올리지 않더라도, 세상에 태어나 청소년 시절에 책 수백 권을 읽었다는 것은 그 자체로 든든한 적금통장이다.

고물장사를 하면서 버리는 책 중에서 괜찮은 것을 모으고, 파지를 사면서 책은 별도로 모으고, 고물장사들이 모이는 중앙시장에서 마음에 드는 책을 사기도 하면서 꽤 많은 책을 수집했다. 화물차 운전기사로 취직했을 때도 전집류를 월부로 파는 회사에서 책을 박스째 얻을 수 있었다. 조그만 월세방에 살면서도 책상과 책장은 꼭 있어야 했다. 이사 다닐 때에는 책 때문에 불어난 짐으로 엄청나게 고생했다. 몇 번인가 정리하고 버리고 했지만, 아직도 8톤 트럭 한 대 분량의 책이 시골 창고에 쌓여 있다.

책을 많이 읽은 것이 아니라 책 모으는 것이 그저 취미로 굳어진 것이 아닌가 싶을 정도다. 책값으로 지출한 금액이 소득의 30%를 넘기는 달도 많았으니 그 책을 다 읽었으면 아마 대단한 학자가 되었겠지만, 불행하게도 책을 모으는 만큼 책을 읽고 연구하지는 못했다. 몸으로 때워서 먹고사는 처지에 책만 볼 수는 없었으니까 말이다.

책은 전체적인 내용도 좋아야 하지만, 단 한 줄의 글귀가 주는 영향도 대단하다. 젊은 시절 나에게 큰 영향을 준 책은 벤자민 프랭클린Benjamin Franklin의 『자서전Autobiography』『리더스 다이제스트』에서

읽은 '86,400초', 존 네이스비트John Naisbitt의 『메가트렌드Mega Trend』를 꼽을 수 있다.

가난한 인쇄공 출신인 프랭클린은 '13가지 덕목'을 스스로 실천하면서 미국 독립운동에 큰 공을 세웠을 뿐 아니라 미국 헌법의 기초를 마련하여 미국 탄생에 큰 역할을 한 인물이다. 평소 근면한 사람이 되어야 한다는 것이 그의 철학이었으며 '절제·침묵·질서·결단·절약·근면·진실·정의·중용·청결·침착·순결·겸손'을 삶의 지침으로 정리했다. 조그마한 수첩을 만들어 매일 저녁 그날 하루의 행동을 생각하고, 각 덕목과 관련하여 잘못한 것이 있으면 해당란에 흑점을 찍는 등 구체적인 방법을 제시함으로써 많은 사람에게 영향을 주었다.

나도 잠깐이지만, 그 책에 있는 13가지 덕목을 흉내 냈다. 그러나 실제로 13가지 덕목은 도덕군자만이 할 수 있는 행동 방식이라서, 그 당시 내 평가표는 창피할 정도로 형편없었다. 그래서 재빨리 그만두었다. 지금이라면 더 좋은 평가가 나오지 않을까 생각해본다.

1983년에 발간된 『메가트렌드』는 내가 택시 운전을 하면서 읽은 책으로, 공인노무사에 도전하도록 힘을 불어넣어주었다. 삶의 좌표가 분명하지 않은 나에게 어떻게 살아야 하는지를 명쾌하게 제시하여 준 역작으로, 앞으로 다가올 미래가 어떤 모습일지 10개의 큰 흐름으로 나누어 설명한 책이다. 내용 중에 지식 정보화 사회에서 단순 육체노동을 하는 블루칼라Blue-collar는 서서히 밀려나고 화이트칼라White-collar 또는 골드칼라Gold-collar가 사회 주도 세력으로 등장한다는 부분이 있는데, 이 점이 내게 큰 충격을 주었다.

비록 독학이지만 미친놈처럼 더 열심히 공부에 매달린 것도 따지고 보면 그 책의 영향이 크다. 책은 나를 살린 구원 투수요, 평생의 동반자로서 묵묵히 내 옆에서 나를 지켜주는 응원군이다. 수불석권手不釋卷을 마음속에 새기면서 손에서 책을 놓지 않고 열심히 공부하고, 이를 실천하는 것이 앞으로도 내가 가야 할 큰길이다.

하얀 집과 파란 하늘

소년원을 나온 후에도 나는 집에 있는 것이 부모에게 미안하기도 하고, 방구석에서 뒹굴뒹굴 구질구질하게 보내는 나 자신이 싫기도 하여 집을 벗어나 주로 재워주고 먹여주는 일터를 찾았다. 엿장수, 고물장사를 할 때도 골방에서 잠을 청하고 밥은 구내식당이나 싸구려 밥집에서 때우곤 했다. 지금이야 흘러간 노래지만, 당시 남진의 〈님과 함께〉라는 노래가 크게 유행했다. "저 푸른 초원 위에 그림 같은 집을 짓고 사랑하는 우리 님과 한 백 년 살고 싶어~"라는 가사가 가슴을 후벼팠다. 쥐뿔도 가진 것 없는 떠돌이였지만, 그 노래 가사처럼 초원 위에 하얀 집을 짓고 행복하게 살고 싶어졌다. 그래서 김포, 이천, 평택 등지를 돌며 젖소를 키우는 목장에서 일꾼 노릇도 해 봤다.

그러나 목장 생활은 푸른 초원에서 소 떼들과 웃으며 뛰어노는 낭

만의 세계가 아니었다. 새벽부터 밤늦게까지 젖 짜고, 청소하고, 풀
베는 일이 전부인 고된 일터였을 뿐이다. 먹여주고 재워주었기 때문
에 월급이 많을 리 없었고, 지친 몸을 이끌고 그저 시간만 때우는 그
런 나날이 계속되었다. 주인 의식 없이 월급쟁이로서 머슴 노릇만 충
실하게 할 뿐이었다.

그 후에도 내 생활은 크게 달라지지 않았다. 나 혼자만의 자격지
심이겠지만, 주변에서 나를 전과자라는 선입견으로 보는 것 같아 괜
히 주눅이 들었다. 친구도 없고 사람 만나는 것도 싫어서, 영화 두 편
을 동시 상영하는 삼류 영화관이나 만화방에서 온종일 죽치는 '죽돌
이' 생활도 해 봤다. 어머니에게 애걸해서 용돈을 뜯어내고, 안내양
에게 사정해서 차비를 면제받는 호사도 누려 봤다. 장사한답시고 집
나가 아이스케끼장사, 엿장수, 고물장사를 하면서 골방이나 쪽방에
서 새우잠을 자기도 했다.

그러다가 돈 떨어지면 집에 들어오고, 또 돈이 생기면 집을 나가
고…. 이렇게 가출과 방황을 반복했다. 그런 생활이 이어지자 나를
대하는 부모님의 실망도 점점 더 커져만 갔다. 더불어 나 자신의 미
래에 대한 확신 또한 없어졌다. 꿈과 희망, 그런 것들은 나와 인연이
없는 먼 나라 이야기처럼 들렸다.

그 어린 나이에 삶이 버거워 '자살'이라는 무시무시한 단어를 가슴
에 품고 한강으로 달려간 적도 있다. 한강까지 가긴 갔는데 막상 물
에 뛰어들진 못했다. 춘천소년원에서도 살아남았는데, 이 정도도 견

디지 못하고 죽는다는 것이 억울했다. 까짓것 죽을 각오로 세상과 한 판 붙어보자는 오기도 생겼다. 그때 삶을 포기하지 않고 끝까지 살아남은 것은 참 잘한 일이다. 만약 삶의 무게를 견디지 못하고 죽음을 선택했다면, 인생 연극을 시작도 하기 전에 막을 내리는 비겁한 사람으로 낙인이 찍혔을 것이다.

살아있다는 것은 그 자체가 행복이다. 살아서 인생 무대에 계속 설 수 있다는 사실만으로도 충분히 아름답다. 무릇 생명을 가진 모든 것은 소중하다. 특히 사람의 생명은 함부로 다룰 수 있는 것이 아니다. 그럼에도 대한민국은 '민주공화국'이 아니라 '자살공화국'이라고 할 정도로 자살이 심각한 사회 문제로 대두되고 있다. 힘들지 않은 사람이 어디 있으랴! 어렵지 않은 사람이 어디 있으랴! 그냥 살아내면 된다. 시련은 극복하라고 있고, 장애물은 넘으라고 있는 것이다.

〈아침마당〉 목요특강에서 입양아 출신으로 미국 상원의원이 된 신호범 의원의 강의를 들은 적이 있다. 전쟁 때지만 6살 어린 나이에 친척 집을 나와 서울역에서 노숙할 때, 2살 더 먹은 친구가 사는 게 힘들어 달리는 열차에 뛰어들어 목숨을 끊은 얘기를 했다. 그걸 보면서 신 의원은 '비겁하게 자살하느냐고! 나는 억울해서라도 못 죽겠노라고!' 다짐했다고 한다. 죽으면 다 잊을지 몰라도 인생이라는 시나리오를 써 보지도 못하고 마치는 것은 삶에 대한 예의가 아니다. 악착같이 살아남아서 행복하고 성공하는 인생 연극을 마쳐야 한다.

젊은 날의 무모했던 파란 꿈은 40년이 지난 지금에 와서 서서히 하나의 현실적인 그림으로 나타나고 있다. 언덕 위에 하얀 집을 짓겠다는 선명한 꿈을 꾼 덕분에 최근 강원도 횡성에 조그마한 땅을 구입하여 어릴 적 꿈을 실현할 준비를 해 나가고 있다. 비록 여러 마리 소가 한가로이 풀을 뜯는 목가적인 풍경은 아니지만, 그림 같은 잔디밭과 하얀 집이 조화를 이루도록 조금씩 조금씩 꾸며가고 있다. 은퇴를 준비하면서 어릴 적 푸른 꿈을 다시 한 번 가슴에 새겨 보았다. 그때 그 꿈을 꾸지 않았더라면 땅을 구입하지 않았을 것이고, 그랬다면 은퇴 후 그럭저럭 시간만 때우다 말았을 것이다. 그런데 40년 전 꾼 꿈이 있었기에 나는 멋있는 전원 생활을 준비하게 된 것이다.

신은 누구에게나 시간이라는 자산을 나누어 주었다. 그것을 꾸준히 갈고 닦으면 아더왕King Arthur의 엑스칼리버Excalibur가 될 수도 있지만, 그냥 시간을 죽이면 무도 못 자르는 쇠뭉치로 전락하고 만다. 선택은 각자의 몫이다.

지금 열심히 사는 것에 대한 대가가 당장 나타나지 않는다고 조급할 이유도 없다. 다음 세대 아니면 그다음 세대라도 지금 뿌린 씨앗은 열매를 맺을 수 있다. 주위에 별다른 노력 없이도 잘사는 사람이 있다면, 전생에 좋은 일을 많이 했을 것이라고 상상하라. 지금 아주 열심히 노력하는데도 잘 안 되는 사람이 있다면, 전생에 좋은 일을 많이 하지 않았다고 위안하라. 먼 미래를 위해 지금 우리는 열심히 살아야 한다.

의외로 많은 사람들이 꿈 없이 살고 있다. 왜 사느냐고 물어보면

50

습관적으로 "인생 별거 있어? 그냥 사는 거지!"라고 답한다. 또 "먹고살기도 바쁜데 꿈은 무슨 얼어 죽을 꿈이야?"라고 반문한다. 그러나 그렇지 않다. 꿈은 이루어서 자신에게 선물하는 것이 인생에 대한 예의이다. 꿈을 갖지 않고 무언가를 성취하거나 행복을 누리는 일은 불가능하다. 꿈이 없는 인생은 정처 없는 나그네일 뿐이다.

극작가인 버나드 쇼는 "꿈은 아주 하찮은 것도 위대하게 만들어주며, 평범한 사람도 훌륭하게 바꾼다."라고 했다. 이렇게 꿈은 인생이라는 배를 인도하는 내비게이션, 나침반, 등대가 되는 것이다.

'끌어당김의 법칙'과 '대가 지불의 법칙'

혼혈 가수 인순이가 부른 〈거위의 꿈〉이라는 노래 가사 중에 "그래요 난, 난 꿈이 있어요. 그 꿈을 믿어요. 나를 지켜봐요. 저 차갑게서 있는 운명이란 벽 앞에 당당히 마주칠 수 있어요. 언젠가 나, 그 벽을 넘고서 저 하늘을 높이 날 수 있어요."라는 대목이 있다. 꿈이 없다면 희망도 없다는 것이다. 큰 꿈은 꿈을 이루기 위한 피나는 '노력'을 불러오고, 그 노력은 하나의 좋은 '습관'이 된다. 그렇다면 큰 꿈은 행복과 성공의 씨앗이 된다. 이처럼 간절히 원하는 것은 얻어진다는 법칙을 '끌어당김의 법칙'이라고 한다.

호텔 벨 보이에서 시작하여 호텔왕이 된 콘래드 힐튼이 "노력이나 재능보다 훨씬 중요한 것은 성공을 꿈꾸는 능력이다."라고 한 것도 같은 의미이다. 꿈이 작으면 노력이 없고, 노력이 없으면 습관도 생기지 않으니 당연히 성공도 멀어진다.

빌 게이츠에게 세계적인 부자가 된 비결을 묻자, 그의 대답은 의외로 간단했다. 날마다 자신에게 두 가지 최면을 건다는 것이었다. "오늘은 왠지 큰 행운이 나에게 있을 것 같다." 그리고 "나는 무엇이든지 할 수 있다."라는 긍정의 최면이었다. 이렇듯 빌 게이츠에게 중요한 것은 자기 자신에 대한 생각 그 자체다. 생각이 모든 것을 좌우한다는 사실을 가장 잘 말해 주는 사례다. 생각이 바뀌면 행동이 바뀌고, 행동이 바뀌면 결과도 바뀐다.

미래에 대한 장밋빛 꿈만 가진다고 행복과 성공이 저절로 다가오는 것은 아니다. 생생하고 선명한 꿈을 꾸되, 이를 이루기 위해 열심히 공부하고 열심히 일해야 한다. 도전하고 재능을 키워야 한다. 준비하고 열정을 바쳐야 꿈이 현실이 된다.

3년의 법칙, 10년의 법칙, 20년의 법칙을 기억하라. 한 분야에 3년을 지속해서 투자하면 전문가 소리를 들을 수 있고, 10년을 파고들면 성공이 보이며, 20년을 투자하면 정상에 설 수 있다는 법칙이다. 생각이 행동을 만들고, 행동이 성공을 만드는 것이다. 세상에 공짜는 없다. 길거리에서 아무리 '공짜'를 외쳐도, 어느 누군가는 반드시 그에 대한 대가를 치르기 마련이다. 공짜 폰의 경우도 말로는 공짜라고 하지만, 의무 약정을 통해 매월 비용을 지출한다. 우리가 마시는 공기도 자연이 준 선물이지 공짜는 아니다.

이렇게 모든 사회 현상은 그에 대한 대가를 치러야 한다. 내가 지불하지 않더라도 다른 누군가가 그 대가를 치른다. 이를 '대가 지불의 법칙'이라고 한다. 원하는 것이 있으면, 그보다 더 큰 대가를 치러야 한다. 알라딘의 마술 램프는 결코 그냥 얻어지는 것이 아니다.

그럼에도 이 사회에는 꿈만 꾸면 반드시 이루어진다는 『시크릿』류의 책이 베스트셀러 자리를 차지한다. '시크릿'이라는 단어가 들어간 제목의 책이 수십 종이나 출간되었으니 가히 시크릿 열풍이라고 할 만하다.

그러나 단순히 꿈만 꾸면 이루어진다는 것은 동화 속 얘기일 뿐이다. 이에 대한 반론으로 『노 시크릿』이라는 책도 출간되었다. 이 책의 저자인 이지성 작가는 "시크릿은 없다. 최고의 실력을 갖춰라."라고 조언을 한다. 그는 가능성이 보이지 않는 상태에서도 생생하게 꿈꾸고, 시간과 에너지를 기꺼이 바치는 대가를 치렀기 때문에 베스트셀러 작가가 되었다고 성공 비결을 밝혔다. 작가의 꿈을 세운 후 책 수천 권을 읽었고, 수백 권을 필사하는 노력을 아끼지 않았다. 결국, 꿈만 꾼다고 이루어지는 것이 아니라 열심히 공부하고 열심히 일해야 하는 것이다. 노력하지 않고 얻어지는 것은 없다.

감나무 밑에서 감이 먹고 싶다는 생각만 간절히 한다고 해서 감이 떨어지는 것은 아니다. 어떤 형태로든 행동해야 한다. 장대를 사용하

거나 나무를 타고 올라가서 감을 따야 한다. 어느 것이든 생각만으로
는 결코 얻을 수 없다.

성공학 분야의 유명한 저자인 지그 지글러는 "목적 없이 배회하다
가 어느 날 갑자기 에베레스트 산 정상에 서는 사람은 없다."라고 말
했다. 성공하고 싶다면 자신의 지혜와 능력으로 끊임없이 노력해야
한다. 큰 꿈을 꾸고 마음먹은 일을 포기하지 않는 끈기, 끝까지 최선
을 다하는 노력만이 성공을 가져온다.

오르지 못할 나무를 오르다

2000년도에 그동안 살아온 얘기를 기술한 단행본『오르지 못할 나
무는 엘리베이터를 타라』를 출간한 적 있다. 중학교 중퇴의 학력으
로 공인노무사가 되고 활발하게 활동하는 모습을 TV에서 본 당시 교
육부에서 학벌을 극복한 사람들의 이야기를 옴니버스 형식으로 묶은
책에, 그 내용을 함께 싣자고 해서『나의 선택, 나의 길』이라는 제목
으로 발간했는데, 그때 실은 내용을 약간 다듬어서 펴낸 책이다.

『나의 선택, 나의 길』은 형식적 학벌보다 실질적 능력이 필요한 시
대를 맞아 학벌이 없으면서도 이 사회에서 무언가를 성취한 사람들
의 이야기를 본인들의 목소리로 풀어내고 있다. 그중에서 나는 「세상
에 공짜는 없다」라는 제목으로 지금까지 살아온 얘기를 담담하게 정

리했다. 그 책에 함께 소개된 인물로「영화로 풀어낸 생존의 들풀」의 임권택 감독,「마법의 가위로 머리 재벌 된 털보 헤어디자이너」의 박준,「외길 소리 인생 50여 년」의 조상현,「큰 마음, 큰 행동, 인간답게」의 박찬수 등이 있었다.

가끔 사람들은 제목이 왜 하필『오르지 못할 나무는 엘리베이터를 타라』냐고 질문한다. 원래는 'No Work, No Pay'라는 제목을 붙이고 부제로 '세상에 공짜는 없다'로 하려 했는데, 너무 평범하다는 출판사의 지적에 바꾼 것이다. 'No Work, No Pay'는 노동관계에서 노동을 제공하지 않으면 임금도 없다는 것을 표현한 것으로, '무노동 무임금 원칙'이라고도 한다. 이러한 'No Work, No Pay' 또는 '무노동 무임금 원칙'을 순수 우리말로 나타내면 '공짜는 없다'가 된다. 그래서 '오르지 못할 나무는 사다리 놓고 올라가라'로 하자고 했더니, 사다리는 밑에서 흔들면 넘어지므로 현대식으로 엘리베이터를 설치하자는 쪽으로 의견이 모여 결국『오르지 못할 나무는 엘리베이터를 타라』라는 책 제목이 탄생한 것이다.

아버지는 내가 부질없는 꿈을 꾸고, 공부를 하고, 영어책을 읽고, 시험 준비를 할 때마다 주제 파악 못한다고 생각했는지 '오르지 못할 나무는 쳐다보지도 말라'라는 충고를 귀에 못이 박힐 만큼 하고 또 했다. 소도 언덕이 있어야 비빈다는데 아무것도 없는 네가 뭘 하겠냐는 거냐면서 포기의 미덕을 강조했다. 옛말 그른 말 하나 없다면서 송충이는 솔잎을 먹어야지 갈잎을 먹으면 죽는다는 말도 빼놓지 않았다. 결국, 아버지는 직업에 귀천은 없으니 아무 일이나 해서 먹고

살면 되는 것 아니냐는 말을 에둘러 표현한 것이다. 끼니 걱정하면서도 책 사는 것을 아까워하지 않았으니 아버지로서는 당연한 충고였으리라.

하지만 나는 아버지처럼 평생을 가난에 찌들어 살기 싫어서 아버지가 한 말을 청개구리처럼 전부 반대로 뒤집어 봤다. 좋게 얘기하면 요즘 유행하는 '역발상의 전략'인 셈이다. 우선 '옛말 그른 말 하나 없다'는 것을 '옛말 틀린 말 많다'로 바꾸었다. 아버지가 얘기하는 옛말은 조선 시대 유교적 색채가 강한 고전 철학이다. 그런데 지금은 시대가 바뀌었다. 조선 시대는 이미 호랑이 담배 피우던 시절인데, 그때의 논리가 지금 그대로 통할 수는 없다.

두 번째로 '직업에 귀천은 없다'는 '직업은 귀천이 있다'로 바꾸었다. 사람은 누구나 직업을 가져야 한다. 옛날에야 농사짓는 것과 관직으로 출세하는 것 두 가지밖에 직업이 없었지만, 지금은 공식 통계로 잡히는 직업의 숫자만도 2만~3만 가지나 된다. 직업에 귀천이 없다는 말은 먹고사는 것 자체가 숭고하므로 굳이 직업에 귀천을 따지지 말자는 선언적인 의미일 뿐, 자본주의 사회에서 직업은 귀한 것과 천한 것을 구분한다.

1년에 수천억 원, 수조 원을 버는 사람이 있는가 하면, 뼈 빠지게 일만 해도 먹고살지 못하는 사람도 있다. 한 조직 내에서도 어떤 사람은 수억 원의 연봉을 받고, 어떤 사람은 겨우 몇 백만 원의 연봉에 그치기도 한다. 좋은 직업을 가지려면 인생 무대에 본격적으로 등장하기 전 충분히 연습해야 한다. 좋은 학교를 나와야 좋은 직장에 들어가고, 좋은 직장에 다녀야 연봉이 많다.

부모들이 강남 8학군을 찾고 좋은 대학에 들어가라고 하는 것도 따지고 보면 좋은 직업을 갖게 하려는 방안이다. 옛날에는 개천에서 용 날 수 있었지만, 지금은 개천에서 용이 날 수 없다. 충분한 연습을 시킬 수 있는 경제력이 없다면 좋은 직업을 구하기 어렵기 때문이다.

그렇다고 좌절하거나 포기할 이유는 없다. 하늘이 감동할 만큼 노력하면, 10년, 20년 끊임없이 노력하면 신도 어쩔 수 없다. 부모가 해 줄 형편이 안 되면, 나 스스로 연습생이 되어 1만 시간 이상을 죽을 각오로 노력하면 된다.

세 번째로 '송충이는 솔잎을 먹어야 한다'는 '송충이도 솔잎이 없으면 갈잎이라도 먹어야 한다'로 바꾸었다. 아무리 송충이라도 솔잎이 없으면 갈잎이라도 찾아서 일단 살아남고 봐야 한다. 솔잎만 먹는다고 우겨 봐야, 이는 굶어 죽는 길을 스스로 택하는 바보 같은 짓이다. 갈잎을 먹도록 자신을 스스로 변화시켜야 한다. 변화를 두려워하면 도태되고, 끝내 비참한 최후를 맞이하는 것이다.

네 번째로 '오르지 못할 나무는 쳐다보지도 말라'는 '오르지 못할 나무는 사다리라도 놓고 올라가라'로 바꾸었다. 오르지 못할 나무를 쳐다보지 말라는 것은 조선 시대 양반들이 자신들의 위치를 지키기 위해 아랫사람들이 함부로 양반 흉내를 내지 못하게 한 통치 방식이었을 뿐이다. 그런데 지금은 조선 시대도 아니고 21세기 국제 경쟁, 무한 경쟁의 시대이다. 오르지 못할 나무는 사다리라도 놓고 올라가야 하는 세상이 된 것이다.

선명한 꿈을 꿔라

소년원의 육중한 철문을 나서면서 스스로 다짐한 변호사의 꿈은 이루지 못했다. 그러나 변호사가 되려고 준비하는 과정에서 공인노무사가 되었고, 현재는 자타가 인정하는 최고의 노무사로 활동 중이다. 노무법인을 설립하고, 중앙노동위원회 공익위원, HR교육원 원장 등 다양한 사회 활동을 통해 내가 하고 싶은 보람 있는 일 하면서 멋진 인생 항해를 계속하고 있다. 정규 학력은 중학교 중퇴지만, 대학원에서 노동법과 인적자원관리에 대해 강의를 하고 객원교수로도 대접받는다. 공인노무사 시험의 출제위원으로서 저명한 교수들과 함께 2차 논문 시험 문제를 출제하고 채점에도 참가했다.

단순히 먹고살기 위해 공인노무사로 활동하는 것이 아니라 내가 하고 싶은 가치 있는 일을 함께하면서 삶의 여유를 즐기고 있다. 비록 정규 교육 과정의 가방끈은 짧지만, 검정고시를 통해 중학교와 고등학교를 마쳤고, 대학교 역시 학사고시를 통해 마무리 짓고 고려대학교 노동대학원에서 석사 학위까지 받았다. 그리고 2018년 꿈에 그리던 박사 학위를 받았다. 중학교 중퇴 이후 47년 만에 고려대학교에서 법학박사가 된 것이다.

그리고 이제 두 번째 서른 즈음에 청소년의 위기, 청년 실업, 중장년 실직, 노년 파산 등 사회적인 아픔을 보듬기 위한 대안적 사회활동을 시작하고 있다. 힘들고 지친 사람들에게 꿈과 희망을 선물하는 내 모습이 저녁노을처럼 아름답게 그려진다.

많은 책을 읽는 동안 나도 내 이름으로 된 책을 냈으면 하는 또 '한 권의 꿈'을 꾸었다. 그 꿈이 현실이 되어 1996년 처음으로 노동법 전문 서적을 낸 이후 매년 지속해서 책을 발간해 2018년 현재 25권의 노동법, 노사관계 서적을 출간한 저자가 되었다. 내 이름으로 된 책을 내겠다는 꿈을 꾸지 않았다면 과연 책을 낼 수 있었을까? 그렇지 않을 것이다. 학벌이 없기 때문에, 대학을 나오지 않았기 때문에 등등의 핑계를 대고 시도조차 하지 않았을 것이다.

2000년 '내가 하고 싶은 일 100가지'를 기록할 때 50권의 책을 내기로 했는데 50권을 더 추가해서 100권으로 목표를 높였다.

언덕 위에 하얀 집을 짓는 꿈도 이제 서서히 그 모습이 보이기 시작한다. 땅을 구입하고 건물을 설계한 후 지금은 언덕 위에 하얀 집이 완공되었다. 이제 행복한 성공을 꿈꾸는 사람들의 자기 창조 경영을 모토로 하는 내비게이터십스쿨을 짓기 위해 또 몇 년의 시간이 걸릴 것이다. 꿈의 목록이 하나씩 현실이 되면 나는 또 새로운 꿈을 목록에 추가한다. 그와 함께 40년 전에 막연히 생각했던 어렴풋한 꿈이 세월이 흘러 하나씩 이루어지는 것을 보며 선명하고 간절하게 바라는 것은 꼭 이루어진다는 말을 실감한다.

물론 너무 큰 꿈은 당장 달성하기 어렵다. 그렇다고 하더라도 우리는 큰 꿈을 꾸어야 한다. 그래야만 그보다 작은 꿈이라도 이룰 수 있기 때문이다. 꿈은 크게 가지되 목표는 현실 수준에 맞게 조정하면 된다. 꿈을 꾸지 않는다면 살아가는 의미를 찾기 어렵다. 변호사, 책 쓰기, 하얀 집, 한의사가 지금까지 꿈이었다면, 앞으로는 다른 사람과 함께 살아가는 세상을 만드는 큰 꿈을 펼치고 싶다.

지금 나는 또 하나의 원대한 프로젝트를 시작하고 있다. 내가 개발한 내비게이터십을 대한민국뿐만 아니라 전 세계에 확산시키는 것이다. 영어, 중국어, 일본어로 번역되었으며 이미 중국과 아프리카 케냐에서 특강과 코치 양성과정을 멋지게 해냈다. '스스로 함께 더 크게 세계로'라는 내비게이터십의 캐치프레이즈가 전 세계에 퍼지는 것을 꿈꾸며, 그 꿈이 이루어지도록 꾸준하게 노력할 것이다.

작지만 모든 것이 다 들어있는 것이 '씨앗'이다. 사람은 모두 생각이라는 씨앗을 가지고 있다. 이 '생각의 씨앗'을 잘 심고 가꾸는 사람은 성공이라는 열매를 얻을 수 있지만, 씨앗 자체를 뿌리지 않는 사람은 아무것도 돌아오는 게 없다. 선명한 꿈을 꾸고(씨앗) 그 꿈을 위해 열심히 공부하고 일하면(과정), 그 꿈이 현실로 다가온다는 것(성공)을 나는 내 경험을 빌려 장담할 수 있다.

성장형 마인드세트

『좋은 기업을 넘어 위대한 기업으로』의 저자 짐 콜린스는 뛰어난 경영 사상가이자 프로급 암벽 등반가이다. 언젠가 그는 당시까지 아무도 오르지 못한 암벽에 도전한 적이 있었다. 하지만 매번 정상에 오르는 데 실패했고, 거듭된 실패 앞에 콜린스에게 그 암벽은 난공불락難攻不落처럼 여겨졌다.

그러던 어느 날 콜린스는 '내가 이 암벽에 오르지 못하는 건 실력 때문이 아니라 아무도 이 암벽을 정복하지 못했다는 사실 때문이 아닐까?'라는 생각을 떠올린다. 등반에 성공한 사람이 없다는 사실이 '나도 실패할 수밖에 없다'는 믿음으로 굳어지고, 이 믿음이 성공을 가로막고 있다고 생각한 것이다. 콜린스는 관점을 바꿔 고착화된 믿음을 깨 보기로 했다. 그는 지금으로부터 15년이 지난 시점에 암벽을 오르고 있다고 상상했다. 그 정도 시간이 흐르면 많은 사람이 이 암벽을 오르는 데 성공했을 것이고, 나 역시 오를 수 있을 거라는 믿음을 가진 것이다. 그는 등반 시점을 15년 후로 이동시키는 상상력을 활용한 마인드 게임을 통해 결국 그 암벽을 오르는 데 성공했다. 생각한다고 다 이루어지는 것은 아니지만, 어떤 일이 잘 안 될 때 10년 후나 20년 후를 상상하고 준비한다면 이루어질 확률은 커진다.

스탠포드대학의 심리학 교수 캐롤 드웩에 따르면, 사람에게는 자신을 스스로 바라보는 두 종류의 마음가짐Mindset이 있다. 하나는 자신의 자질과 능력이 돌에 새긴 듯 이미 정해져 있다고 믿는 '고정형

61

마인드세트Fixed mindset'이고, 다른 하나는 자질과 능력을 포함해 나란 존재는 노력과 학습을 통해 지속적으로 향상될 수 있다는 '성장형 마인드세트Growth mindset'이다. 고정형은 자신이 가진 힘을 어느 정도 크면 더 자라지 않는 '키'로 여기고, 성장형은 자신 스스로 '근육'처럼 키우고 확장할 수 있는 존재로 바라본다.

캐롤 드웩은 『성공의 새로운 심리학』을 통해 자신을 어떤 존재로 바라보는가에 따라 세상과 자신의 경험을 해석하는 방식, 학습과 훈련 방법은 물론 성취 수준까지도 좌우된다는 것을 여러 실험을 통해 분명하게 알려준다.

또한, 고정형과 성장형 마인드세트의 각기 다른 특징을 다양한 사례를 들어 설명한다. "당신이 어떤 마음가짐을 가진다는 것은 곧 새로운 세상으로 들어간다는 말과 똑같다. 고정형 마인드세트의 세상, 즉 인간의 자질이 고착된 세상으로 들어가면 성공은 곧 당신이 똑똑하거나 재능이 많다는 것을 입증해 보이는 게 된다. 당신 자신을 확인시키는 작업이란 뜻이다. 성장형 마인드세트의 세상, 즉 자질이 언제나 변화하는 세상으로 들어가면, 성공은 새로운 무엇인가를 배우도록 당신 자신을 확장시키게 된다. 다시 말해 당신을 성숙시키는 것이 성공이 되는 것이다."

고정형 마인드세트는 자신의 잠재력을 실현하는 데 필요한 도전이나 이미지 트레이닝을 하지 않는다. 왜냐하면, 자신의 능력이 고정된 관점에서는 상상만으로 키가 커지지 않듯이 능력도 향상될 수 없

기 때문이다. 요컨대 고정형 마인드세트는 상상력을 발휘할 동기 자체가 약하다. 짐 콜린스처럼 성장형 마인드세트를 가진 사람은 다르다. 이들은 목표를 높여 도전하고, 거듭되는 실패를 배우는 과정으로 여기며, 무엇보다 스스로 잠재력을 실현할 수 있다는 내면의 힘을 믿는다. 주어진 운명을 그냥 받아들이기보다 새로운 목표를 세우고, 그 목표를 달성하기 위해 꾸준히 성장하는 모습을 보여야 한다.

01) 꿈(Dream)
 – 생생하고 선명한 꿈을 꾸어라. 열심히 공부하고 일하라.

02) 사명(Mission)
 – 자신만의 사명 선언서를 만들어라.

03) 가치관(Value)
 – 가치관에 대한 우선순위를 정하라.

04) 사랑(Like/Love)
 – 다른 사람을 진심으로 사랑하라.

05) 칭찬(Praise)
 – 다른 사람의 장점을 칭찬하고 추임새를 적극 활용하라.

06) 상상(Imagination)
 – 상상력을 키우고 자신만의 명상 시간을 가져라.

07) 목표(Goal)
 – 장단기 목표를 정하고 Do list를 작성하라.

08) 비전(Vision)
 – 기한이 정해진 비전을 작성하고 매일 읽어라.

09) 신념(Belief)
 – 세상에 기여하는 일을 한다는 강한 신념을 지녀라.

10) 전략(Strategy)
 – 전략과 실행을 동시에 고려하라.

2nd Wheel
My Human Networking
(관계)

다른 사람과의 관계에서 '50:50의 법칙'을 지켜라. 좋은 만남이 인생을 술술 풀리게 한다.

현재 내 모습과
1년 후 내 모습의 차이는
내가 만나는 사람들과
내가 읽는 책에 달려있다.

−헨리 존스

My Human Networking
(관계)

가난은 나를 키웠다

가난은 나라님도 구제하지 못한다고 한다. 그러한 가난은 나의 숙명이었고, 나와 한평생을 함께한 동반자이기도 했다. 가난한 집안에서 태어났기에 제대로 공부하지 못했고, 공부를 못했기에 좋은 직업을 가져보지 못했고, 좋은 직업이 없었기에 가난에 찌든 삶을 살아왔다.

지긋지긋한 가난은 나를 강하게 하는 자극제가 되었다. 온실 속화초가 아닌 비바람을 맞으며 꼿꼿하게 견디는 잡초처럼 말이다. 그지독한 가난을 이겨낼 수 있었던 것은 바로 가족과 친구 그리고 좋은만남이 있었기 때문이다.

언젠가 아들과 함께 여행을 할 때, 아들이 "이제 좀 일을 쉬어가면서 천천히 해도 되지 않겠느냐."는 얘기를 했다. 건강도 챙기면서 강의 일정을 줄이면 어떻겠느냐는 제안이었다. 옛날과 같이 밥을 굶는 것도 아니니까 조금 여유를 가지고 천천히 가자는 얘기로 들렸다. 맞는 말이다. 열심히 일하고 공부한 덕분에 경제적인 면에서 큰돈을 번 것은 아니지만, 먹고사는 의식주는 해결한 상태였다. 그러나 나는 아직 할 일이 많다. 나 혼자 먹고사는 문제는 해결하였지만, 이 사회에서 받은 혜택을 환원하는 일이 남았기 때문에 일과 공부, 그 어느 것에서도 천천히 할 생각이 없다.

나라도 구제하지 못하는 가난은 현대 사회에서 큰 죄악에 다름 아니다. 불편을 넘어 가난하기 때문에 공부할 기회를 못 얻고, 공부할 기회가 없어서 좋은 직업을 못 갖는다. 지독한 가난을 경험해 본 사람은 이 사실을 뼈저리게 잘 안다. 때문에 물려받은 재산이 없는 사람이 가난하게 살지 않으려면 열심히 공부하고 열심히 일해야 한다. 세상에 그냥 얻어지는 것은 없다. 자신의 노력으로 얻는 것이라야 진정한 자기 것이 된다. 더 가난해지지 않고, 더 못 배우지 않고, 더 굶지 않으려면 더욱 열심히 자신의 열정을 다해 땀을 흘리는 수밖에 없다. 노력하지 않고 공짜로 얻은 것은 쉽게 사라져 버린다.

인생이라는 연극은 혼자 힘으로 42.195km를 달려야 하는 마라톤과 비슷하다. 언덕길도 있고 내리막길도 있다. 자갈길이 있으면 고속도로도 있는 것이 인생이다. 삶이라는 연극은 모든 것이 실전이고 연습 무대는 학생 때뿐이다. 누구도 내 연극을 대신해 주지 않는, 자신만의 모노드라마가 인생이라면 우리는 스스로 열심히 살아야한다. 열심히 공부하고, 열심히 일하고, 열심히 뛰어 후회 없는 인생항해를 해야 한다.

가난은 죄가 아니고 단지 불편할 뿐이라고 하지만, 그것은 가난한 사람들의 자기 합리화이며 부자들의 오만일 뿐이다. 가난은 사람을 참으로 비참하게 만들고, 나아가 범죄자로 만들기도 한다. 빵 몇 조각에 내가 소년원에서 1년 이상 감옥살이를 했던 것처럼…. 형법에 규정된 강도, 절도, 사기, 공갈, 협박 등 범죄의 대부분은 돈과 관련이 있다.

현대 사회에서 돈은 모든 것이라고 해도 과언이 아니다. 돈이 없으면 먹고 싶어도 못 먹고, 갖고 싶어도 못 갖고, 몸이 아파도 병원에 못 가는 세상이다. 돈이 대단히 많아서 주체 못 하는 사람도 있지만, 가난한 사람은 하루하루 살아가는 것이 너무 힘들다. 가난은 분명 개인과 조직, 국가가 함께 해결해야 할 주요한 과제이다. 가난을 해결하는 최우선 과제는 좋은 일자리를 만들고, 좋은 일자리를 찾는 것이다. 그리고 주어진 역할에 최선을 다해야 한다. 지금 우리가 열심히 공부하고 열심히 일하지 않으면 가난이라는 유산은 자자손손 대물림될 수 있다.

가족이라는 울타리

가족은 인간관계의 시작이고 종착점이다. 사회에서 가장 기초가 되는 관계는 가족에서 출발한다. 개인-가족-조직-사회-국가-세계로 이어지는 네트워크Network 속에서 가족 관계가 무너지면 모든 것이 무너진다. 어느 집에나 걸려있는 '가화만사성家和萬事成'은 그저 액자 속 글귀만은 아닌 것이다. 나를 이해하고 사랑하는 첫걸음은 가족의 재발견이다. 가족은 함께 붙어서 지지고 볶을 때는 모른다.

그러나 물과 공기처럼 편안한 가족 중 누구 하나라도 없어지면 비로소 그 소중함을 깨닫는다. 이 어찌할 수 없는 운명 공동체가 바로 가족이다. 서로에게 끊임없이 격려와 용기를 주고, 넘어지려는 가족 구성원이 있을 때 따뜻한 손길로 꼭 붙드는 일은 가정이 풍랑에 휩싸일 경우 큰 힘을 발휘한다. 힘들수록 가족이 희망이다.

나의 부모는 일제 강점기인 1930년대에 태어나서 해방과 6·25 전쟁을 겪었다. 아버지는 술과 담배와 친구를 좋아하는 호탕한 성격이었지만, 뚜렷한 직업이나 직장이 없어서 경제적으로 늘 힘들게 생활했다. 시쳇말로 시대가 어렵고 집안이 가난한 탓이라 그렇지, 만약 조선 시대에 태어났더라면 대장군 역할은 족히 할 만한 풍채와 위엄을 가진 분이셨다.

물려받은 땅 하나 없이 자식 5남매에다 나이 어린 동생까지 돌보느라 정작 아버지는 가난과 세파에 찌든 삶을 영위할 수밖에 없었다.

그럼에도 사람은 사람다워야 한다는 것을 자식들에게 가르쳤다. 또한, 다른 사람에게 피해를 주지 말아야 하며, 인간으로서 기본적인 됨됨이를 갖추고 살아야 한다는 것을 귀에 못이 박이도록 일렀다. 그 결과 어릴 적 잠시 방황했던 나를 제외한 다른 4남매 모두는 어디 하나 크게 어긋나지 않고 자신의 길을 잘 개척해 나가고 있다. 따지고 보면 나도 학교를 때려치우고 집을 나간 것 빼고는 크게 빗나간 삶은 아니었기에 아버지의 가르침이 헛되진 않았다고 생각한다.

어머니는 자상한 한국 어머니의 전형적인 모델로, 한평생 자식들을 위해 자신을 희생하고 헌신했다. 실업자 생활을 하는 아버지를 대신해 들판에 나가 날품팔이를 했으며, 리어카 행상과 야채장사도 마다치 않았다. 그러한 어머니의 지극한 헌신이 없었다면 지금의 나는 존재하지 않았을 것이다. 나는 한때 가난하게 세상에 태어나게 한 어머니를 원망하며 '어머님 왜 나를 낳으셨어요?'라는 반항을 했던 기억이 있다. 그러나 집안 대대로 가난이 대물림되었고, 시대 변화에 따라 직업을 전환하지 못한 것이 죄이지, 부모 잘못이 아닌 것은 자명하다.

동생들 역시 나의 든든한 지원군이다. 가난이 원수라서 대학에 진학하지 못했지만, 자신의 분야에서 최선을 다하고 있으며 언제나 나에게 큰 힘이 되어준다. 큰오빠, 큰형이 잘 못하더라도 이해하고 감싸주는 고마운 형제들이 있었기에 인생의 고비를 잘 넘길 수 있었다. 특히 둘째는 초등학교만 마치고 곧바로 가방 공장에 취업해서 새벽부터 밤늦게까지 죽도록 일해 받은 월급을 우리 가족의 생활비로 내

놓았다. 어린 나이에 손등의 굳은살을 깎아가면서 뼈 빠지게 일한 대가로 우리 가족은 목숨을 연명할 수 있었다. 내가 집 떠나 방황할 때도 둘째는 언제나 묵묵히 자신의 일에 충실하고 가족을 위해 희생했다.

평생의 동반자인 아내 얘기를 빼놓을 수 없다. 아내는 참 올곧다. 그리고 참 지혜롭다. 아무것도 가진 것 없고, 직업은커녕 변변한 직장도 없는 백수건달에게 시집을 온 아내는 참 바보다. 결혼한 지 1년도 안 되어 결혼반지며 목걸이를 전부 팔아먹은 남편을 믿고 37년을 살아준 아내는 참 바보다. 개뿔 실력도 없으면서 공부한답시고 책만 보는 남편을 뒷바라지하느라 병원 근무, 보건소 근무 등 온갖 힘든 일을 마다치 않은 아내는 참 착하다. 어려운 경제 여건에도 아들을 잘 키워서 독립시킨 아내는 참 지혜롭다. 올곧은, 지혜로운, 바보 같은, 착한 아내 덕분에 우리 가족 모두는 가난하지만 힘든 역경을 잘 견뎠으며, 하고 싶은 일을 하면서 살 수 있었다. 앞으로도 영원히 아내는 나의 조언자이면서 상담자이고, 더 나아가 나의 든든한 지원군이 될 것이다.

덤으로 아들 얘기도 해 보자. 아들은 내가 제대로 돈을 벌지 못하는 실업자일 때 태어난 죄로 참 많은 고생을 했다. 집에 쌀이 떨어져 산모가 밥을 굶는 지경까지 몰려 젖을 못 먹는 최악의 상황도 있었다. 지금도 아내와 아들에게 가장 미안하게 생각하며 목이 메는 것이 바로 그때 일이다. 오죽 못났으면 애 엄마가 끼니를 걸러 어린애 먹을 젖이 안 나오는 사태까지 만들었을까. 그때 기억은 나에게 무슨 짓을 해서라도 가족을 굶겨서는 안 된다는 사명을 다시금 일깨워줬다. 가족을 부양하는 것은 남자로서 수행해야 할 가장 중요한 임무이다. 남자가 아니라도 부모의 역할은 자식을 잘 키우고 사회에서 올바른 인재가 되도록 지원하는 것이다.

나는 당시 남편으로서 그리고 아버지로서 역할과 의무를 제대로 하지 못한 무능한 사람이었다. 다행히 그 일 이후 몇 번의 고비는 있었지만, 밥을 굶는 일은 더 이상 없었다.

이렇게 젖도 제대로 못 먹고 자란 아들이지만, 내가 택시 운전을 마치고 집에 들어와 시험공부 한답시고 책을 보고 있노라면 유치원에 다니는 나이임에도 라면을 끓여주고, 소음을 걱정해 발뒤꿈치를 들고 다니고, 아버지 공부에 방해될까 친구들도 데려오지 않는 속 깊은 아이였다. "왜 다른 집은 좋은 차도 있고 좋은 집도 있는데 우리는 이렇게 가난하냐."라며 반항을 한 적도 있지만, 중·고등학교를 무사히 마치고 대학에 진학해 동양철학과 경영학을 복수 전공하면서 졸업 때 최우수상까지 받았다. 대견스럽게도 아들은 대학을 졸업하기도 전에 공인회계사 시험에 합격해 자기가 하고 싶은 일을 열심히 해나가고 있다. 아들은 이제 나의 좋은 친구가 되었다. 앞으로도 서로 존중하고 배려하는 멋진 친구로 남고 싶다.

유대인의 지혜와 슬기를 담은 『탈무드』를 보면 '남자의 집은 아내이고 가정은 최상의 안식처'라는 내용이 있다. 또한, '부부가 진정으로 사랑하면 칼날 폭만큼 좁은 침대에서도 잠잘 수 있지만, 서로 미위하기 시작하면 10m가 넘는 넓은 침대도 좁다' '세상에서 가장 행복한 남자는 좋은 아내를 얻은 사람이고 세상 무엇과도 바꿀 수 없는 것은 젊을 때 결혼해 살아온 늙은 마누라이다'라고도 했다. 톨스토이의『안나 카레니나』에 '행복한 가정은 모두 엇비슷하고, 불행한 가정은 불행한 이유가 제각기 다르다'라는 말이 첫 구절에 나온다. 되는 집안은 근심 걱정이 없고 건강하며 화목한 게 다들 비슷하지만, 안되는 집안은 그 문제가 애정이든 금전이든 자녀든 천차만별의 이유로 불행해진다는 것이다.

5대가 함께 사는 대가족은 5가지 공통점이 있다고 한다. 첫째로 가족 간 대화와 웃음이 많고, 둘째로 웃어른을 공경하며 항상 부지런하고, 셋째로 규칙적인 생활을 하고, 넷째로 결혼 연령과 초산 연령이 빠르고, 다섯째로 현재 100세에 가까운 1, 2세대들은 대개 술과 담배를 멀리했다는 것이다. 가정이 편안하고 화목해야 직장 일도 잘할 수 있다. 가정에서의 밥상머리 교육이 기본이다.

자갈부대 전우들

나는 중학교를 졸업하지 못한 탓에 1년 2개월을 방위병으로 군대 생활을 마쳤다. 초창기 방위병은 집에서 출퇴근했는데, 주로 학력이나 신체조건 미달이거나 그것도 아니면 든든한 빽을 써서 현역에서 제외된 사람들이었다. '방위도 사람이냐?' 또는 '방위 위에 대위'라는 비꼼도 있었지만, 나에게는 아주 소중한 친구들을 만난 의미 있는 시간이었다.

중학교 중퇴 학력에다가 소년원 출신인 나는 섣불리 친구를 사귀지도 못했고 친구를 사귈 여건도 되지 않았다. 그런데 훈련병이 되어 4주 훈련 기간 동안 함께 뒹굴고 고생하는 사이에 우리 몇몇은 아주 친한 친구가 될 수 있었다. 이름 하여 '자갈부대'라고 부른다.

자갈부대라는 명칭은 훈련소에서 훈련을 마치고 배치를 받기 전 몇 주 대기 기간 동안 부대 근처 냇가에서 공사에 쓸 자갈을 수집하라는 임무를 받게 되면서 만들어졌다. 서로가 몸을 사리지 않고 보듬어 주면서 작업에 열중한 덕분에 우리는 12시가 되면 할당량을 다 채우고 집으로 퇴근할 수 있었다. 나의 희생을 통해 다른 사람을 편하게 하려는 전우애가 3시간 만에 하루 일을 달성하도록 한 것이다.

일찍 끝난 우리는 허름한 대폿집에서 막걸리 파티를 열고 흘린 땀을 보충했다. 막걸리 한잔에 우정과 전우애를 담아 단숨에 들이켰다. 그때 그 달콤한 막걸리 맛은 잊을 수 없는 추억이고 생생하게 돌아가는 동영상이다. 뭐가 그리 좋은지 까까머리 방위병들끼리 낄낄거리며 막걸리 사발을 들이키는 모습을 본 다른 사람들은 아마도 그 기분을 이해하지 못했을 것이다.

그러한 막걸리 파티는 각자 부대에 배치되어 근무하면서도 매월 정기적으로 만나 우정을 다지는 소주 파티로 바뀌었다. 직장이 있어

돈벌이를 하는 친구가 주로 돈을 내고, 나는 분위기 잡는 역할을 하면서 서서히 평생의 친구로 자리 잡아 나갔다. 경춘선을 타고 강촌으로 1박 2일 여행을 떠났던 추억과 북한산, 도봉산을 등산하면서 쌓았던 우정이 40년이 지난 지금도 끈끈하게 이어지고 있다. 모두 결혼한 지금도 자주 가족 동반 모임을 갖는다. 자갈부대 전우들은 언제나 나에게 용기를 주고 좌절할 때마다 희망을 보태주는 고마운 친구들이다. 특히 내가 직장이 없어 밥을 굶을 때는 쌀값을 대주고, 택시 운전을 하면서 공인노무사 시험을 준비할 때는 책값은 물론 생활비도 추렴해 주었다. 강환주, 김진복, 정춘규, 등 자갈부대 친구들의 후원이 있었기에 나는 내 꿈을 잃지 않고 여기까지 올 수 있었다. 1978년에 처음 만났으니 벌써 40년도 훨씬 더 흘렀다. 앞으로 40년이 더 지나도 우리는 함께하는 평생 친구로 남을 것이다.

오랜 친구들

나는 초등학교가 유일한 모교이다. 중학교를 다 마치지 못한 탓에 초등학교가 정규 교육 과정을 받은 유일한 곳이기 때문이다. 그런데 다행이랄까, 시골과 서울 두 군데서 초등학교에 다닌 덕분에 동창 모임을 두 군데 다 나간다. 시골에서 5학년까지 다니다가 서울로 전학을 갔는데, 시골 산외초등학교에서도 동창으로 인정해 주고 서울 수유초등학교에서도 동창으로 끼워주기 때문이다. 처음부터 초등학교 동창을 만난 것은 아니었다. 내가 살아가는 환경이 친구를 찾을 계제가 되는 것도 아니고, 중학교를 중퇴했기 때문에 섣불리 친구를 찾지 못한 것이 사실이다.

노무사가 된 이후 생활이 안정되고 또 나이를 먹어가면서 왠지 어릴 적 친구들이 보고 싶고 그리워서 수소문 끝에 초등학교 동창들을 찾았다. 다행히 산외초등학교 동창들은 서울에서 별도 모임을 가졌기에 쉽게 만났다. 얼굴들은 잘 기억나지 않았지만, 옛 추억을 하나씩 떠올리며 조금씩 친해졌다. 매년 열리는 동창 모임에서 많은 친구를 다시 만났다. 친구들 몇 명과는 그 가족과도 매월 함께 만나 이제는 한 식구나 마찬가지로 진한 우정을 나누고 있다. 어릴 적 친구들은 언제 보아도 반갑고 좋기만 하다.

수유초등학교 역시 졸업 후 연락이 끊겼는데, 인터넷 발달이 친구들을 연결해 줬다. 친구 찾기가 한참 유행할 당시 수유초등학교 사이트에 나도 등록해 놓았더니 사이트를 운영하는 친구에게서 전화가 왔다. 동창 모임이 있는데 나오지 않겠느냐는 반가운 제안이었다. 설레는 마음으로 나갔더니 친구 20여 명은 오래전부터 꾸준히 만나 왔던 모양이다.

세월이 하도 흘러서 얼굴은 잘 기억나지 않았지만, 많은 친구와 반갑게 인사를 나누었다. 아름답게 늙어가는 친구들을 볼 때마다 삶의 궤적이 소록소록 살아난다. 가끔 만나서 옛날에 살던 빨래골 얘기며, 화계사 냇가에서 있었던 수영 사건을 화제로 우정을 다지고 있다.

중학교 동창은 졸업하지 않아서 만나기 어려웠다. 중퇴생이라는 자격지심도 있었고, 나 스스로 움츠러드는 것은 어쩔 수 없었으므로 섣불리 나서지 못했다. 그런데 삼성증권의 자문노무사 자격으로 회사를 방문했다가 중학교 때 공부 잘하던 친구를 만났다. 무척 반가웠지만, 세월이 너무 흘러서인지 서먹서먹한 만남이었다. 속으로는 무척 보고 싶고 그리웠지만, 막상 만나니 공통된 화제가 없어서 그럴 수밖에 없었다. 그 친구가 다른 회사로 이적한 이후에는 소식을 몰라 안타깝다.

중학교 2학년 때 짝꿍도 우연한 기회에 만났다. 제주도에 강의 차 내려갔는데 강의가 끝나고 단상에서 내려와 질문을 받는 시간 누가 "야, 너 나 몰라?"라고 다짜고짜 반말한다. 기억이 없어 멍하니 쳐다보는데, 그 친구가 "야, 인마! 내가 너 중학교 때 짝꿍이야! 기억 안 나?"라고 반가워한다. 35년이라는 세월이 흘러 기억 못 하는 것은 당연한데 어렴풋이 한문을 잘하던 친구였다는 게 생각났다. 내가 학교를 때려치운 뒤로 다른 친구들과 우리 집 움막에도 왔었단다. 옛날 얘기를 하면서 하룻밤을 지새웠다. 나는 중학교 친구가 있다는 사실만으로도 행복했다.

언젠가 한 친구가 이런 질문을 했다. "네가 지금 잘나가고 있어서 친구들을 찾는 것이지, 그렇지 않았다면 친구들 찾았겠느냐?"라고. 그 말도 맞다. 만약 내가 중학교를 중퇴한 상태에서 소년원 출신이고 직업도 변변치 않은 상태로 계속 있었다면 아마 친구들을 찾지 않았을 것이다. 자신감도 없고 그럴 배짱도 없었을 터다. 그렇지만 나이를 먹어가면서 마음을 터놓을 수 있는 친구는 더 많이 필요하고, 어릴 적 친구는 더욱 그리워지는 법이니 내가 친구들을 만난 것은 또 하나의 축복임이 틀림없다. 최근에 만난 검정고시 동문들도 함께 나이 들어 가는 기쁨을 주고 있다.

함께 택시를 타고

나는 수없이 많은 직업을 가져 보았다. 중학교 중퇴의 학력에 기본 바탕이 부족한 탓에 직장다운 직장이 없었다. 떠돌이 생활을 하면서 닥치는 대로 임기응변으로 일했다는 표현이 적당할 것이다. 공장과 목장에서 일꾼, 엿장수, 과일행상, 노점상, 화장품 장사, 화물차 운전, 영업용 택시 운전 등 사회 잣대로 보면 그다지 좋은 직업으로 인정받지 못하는 밑바닥 인생을 전전했다. 내가 하고 싶었던 것이라기보다 먹고살기 위한 호구지책糊口之策의 하나로 이것저것 기웃거렸다는 게 더 적절하다.

어떤 직업을 선택할 것인가? 이것이 인생에서 가장 큰 숙제이다. 직업은 곧 그 사람의 모든 것을 좌우하기 때문이다. 직업에 귀천貴賤이 없다고 하지만, 내가 살아온 과정을 보면 이는 좋은 직업을 가지지 못한 사람들의 자기 합리화일 뿐이다. 물론 먹고살기 위해서 어떤 일이든 해야 한다는 의미로 본다면 직업에 귀천이 없다고 할 수 있다.

그러나 수만 가지 직업마다 각각 가치가 있고, 그 가치를 돈으로 환산하는 것이 자본주의 속성이기 때문에 직업 선택은 정말 중요하다. 자리가 사람을 만든다는 말도 있듯이 직업이 그 사람의 인생을 좌우한다. 좋은 직업을 가진 사람들은 좋은 보수와 사회적인 대우를 받지만, 그렇지 못한 사람들은 겨우겨우 먹고살거나 죽지 못해 억지로 살아가기도 한다.

자본주의 사회는 모든 것을 돈으로 환산하는 특징이 있다. 이를 고상한 표현으로 가치價値라고 하지만, 결국은 돈 얘기다. 프로선수를 보더라도 그 사람의 활약에 따라 연봉이 결정되고 누구는 수십억, 수백억 원의 보수를 받는 데 반해 누구는 최저 생계비도 못 받고 쫓겨나기도 한다.

가끔 매스컴에서도 돈을 가장 많이 버는 직업이 무엇이냐는 흥밋거리를 기사로 내보내곤 한다. 직장 생활을 하는 사람들도 급여를 많이 준다면 특별한 사정이 없는 한 전직을 고려한다. 연봉은 그 사람의 사회적 지위와도 연결되기 때문이다.

내 경우에도 어렵고 힘든 일을 할 때는 수입이 적은 것은 물론 사회적 대우도 없었다. 그러다 공인노무사가 된 이후 강의와 컨설팅을 할 때는 수입도 괜찮았고 사회적 대우도 꽤 좋아졌다. 떠돌이 장사를 할 때는 빚으로 생활하는 형편이었고, 택시 운전을 할 때는 겨우 먹고사는 문제만 해결했을 뿐 돈을 모으지는 못했다. 그래도 평생의 꿈인 아파트를 분양받아 내 집을 가져본 것은 택시 운전을 하면서 고정적인 수입이 있었기에 가능했다. 은행 융자금이 대부분인 아파트였지만 택시 운전이라는 직업이 없었다면 그마저도 어림도 없는 일이었다.

만약 내가 택시 운전이라는 안정적인 일자리를 갖지 못했다면 경제적인 어려움 때문에 공부도 힘들었을 것이고, 그렇다면 공인노무사 도전은 꿈도 꾸지 못했을 것이다.

내가 끼니를 거르지 않고 밥술이라도 뜨게 된 것은 택시 운전을 하면서부터이다. 택시 운전을 하기 전에는 죽지 못해 억지로 살아가는 처지였지만, 택시 운전은 나에게 의식주를 해결해 주는 해결사 역할을 톡톡히 했다. 비록 24시간 일하고 24시간 쉬는 막노동이었지만, 그래도 밥을 굶지 않고 월세를 낼 수 있는 것만으로도 충분히 만족스러웠다. 1981년부터 시작한 택시 운전은 1989년 공인노무사에 합격할 때까지 9년간 계속되었다.

특히 1983년 '장안기업'이라는 택시회사에 입사한 후 적지만 월급이라도 있어 안정된 생활이 가능했다. 집도 월세에서 전세로 옮겼고, 1989년에 아파트도 하나 장만했으니 5만 원짜리 '월세'에서 300만 원짜리 '전세'를 거쳐 6,000만 원짜리 '내 집'으로 주거의 변신은 모두 택시 운전이라는 직업을 가지면서 나에게 주어진 행운이었다. 물론 택시 운전은 육체적으로도 정신적으로도 힘들고 어려운 직업임이 틀림없다. 그러나 만약 택시 운전을 하지 않았다면 아직도 나는 월세를 전전했을지 모르고, 변변한 직업 한번 가져 보지 못했을 수도 있다.

택시 운전을 하면서 인생의 쓴맛, 단맛을 경험했지만, 먹고사는 부분을 해결한 것이 무엇보다 소중했다. 소년원 생활이 나에게 인생의 지혜를 주었다면, 택시 운전은 나에게 인생의 기본인 의식주를 해결하여 준 셈이다. 그리고 공인노무사로의 변신도 택시 운전을 했기에 가능한 선물이었다. 택시 운전을 하면서 노동 운동에 눈을 떴고, 노동법을 접할 기회가 생겼으며, 그것이 바탕이 되어 결국 공인노무사 시험도 무난히 통과할 수 있었던 것이다.

먹고살기 위해 오로지 사납금 채우고, 한 푼이라도 더 버는 것에 목숨을 거는 것이 택시 운전의 특성이다. 다른 사람을 배려하거나 호의를 베풀기 어려운 급여 체계 때문에 자기 관리가 철저하지 않으면 원만한 가정생활이 어렵다. 나도 회사에 처음 들어갔을 때는 일 끝나면 곧바로 집으로 향하는 모범생이었다. 따로 아는 사람이 있어서 그 회사에 들어간 것도 아니라서 친한 사람이 없었기 때문이다. 그런데 몇 달간 회사에 적응하고 보니 차츰 친한 사람도 생기고, 그 친한 친구가 노동조합 활동에 적극적인 노조 간부이다 보니 나도 자연스럽게 노동조합에 관심을 두게 되었다. 친구의 강력한 권유로 노동조합의 총무부장 직책을 맡으면서 노동법과 노동 운동에 서서히 빠져들었다. '택시 기사 분신자살 사건'이 있었고 완전 월급제가 한창 논의될 때라서 어떤 때는 노동 운동이 나의 사명으로 여겨지기도 했다.

80년대 당시만 해도 택시회사에서 근로기준법을 비롯한 노동관계법을 제대로 지킨 경우는 드물었다. 그래서 노동 운동이나 조직보다 노동법에 재미를 느끼고 독학이었지만 깊이 있게 공부를 시작했다.

심지어 가장 기본적인 근로기준법과 노동조합법은 법조문을 통째로 외울 정도로 빠져들었다. 소년원을 나오면서 다짐했던 변호사의 꿈을 버리지 않은 영향도 있었고, 공부할 기회를 만들 수 있다는 기대가 어려운 법학 서적을 스스로 찾아보게 하는 원동력이 되었다.

이를 바탕으로 회사와 단체 교섭을 할 때, 노동조합과 노조원에게 유리한 조건을 많이 얻어내는 성과도 냈다. 노동조합의 총무부장으로 시작한 노조 간부 역할은 대의원, 조직부장, 교섭위원, 부조합장을 거쳐 조합장직무대행까지 핵심 요직을 모두 거쳤다. 서슬 퍼런 군사 정권인 5공화국 시절, 겁 없이 단식 투쟁도 하고 택시 총파업 때문에 닭장차에 실려 난지도로 끌려가 쓰레기처럼 버려지기도 한 추억이 아련하다.

택시회사에서 노동 운동을 함께한 선후배도 나의 든든한 후원자였다. 생각이 다르고 조직이 달라 가끔 다투기도 하고 조직 분쟁도 있었지만, 공인노무사 시험을 준비하는 동안 학원비를 거두어 주기도 한 고마운 동지들이다. 내가 있던 사업장은 노조 내에서 조직 간 갈등이 꽤 많던 곳이다. 3개 정도 있는 파벌에서 우두머리들이 서로 헐뜯는 상황이다 보니 불신임을 비롯한 조직 갈등이 아주 심했다. 허구한 날 계파별 모임을 갖고 상대방 약점을 잡는 것이 조직의 주된 목표이기도 했다.

이러한 조직 싸움이 싫어진 상황에서 마침 제1회 공인노무사 시험이 1986년 실시되자, 나는 조합장직무대행을 끝으로 더는 노조 활동에 관심을 두지 않고 시험에 전념했다. 죽을 각오로 열심히 공부한 결과, 그로부터 3년 후인 1989년 제2회 공인노무사 시험에서 당당하게 전국 4등의 실력으로 합격자 명단에 내 이름을 올렸다. 노동조합을 하면서 조직에서 술을 마시는 것보다는 노동법을 깡그리 외울 정도로 노동법에 관심이 있었는데, 그것이 시험에서 엄청난 도움이 되었다.

중학교 중퇴의 학력으로, 그것도 시험에만 전념한 것이 아니라 택시 운전을 하면서 공인노무사 시험에 합격했다는 사실 자체가 세간의 입방아에 오르내릴 만했다. 노동조합을 함께하던 동료와 선배가 나를 위해 잔치도 열고 노무사로서 디디는 장도를 찐하게 축하해 주었다.

좋은 만남과 성공

광고 문구에 '좋은 만남이 인생을 술술 풀리게 합니다'라는 내용이 있다. 세상살이에서 이보다 더 좋은 문구는 없지 않을까? 그렇다. 사람과의 만남이 모든 것을 좌우하고 좋은 만남이 인생 항로에서 가장 좋은 동행자가 된다.

독일의 문학자 한스 카롯사도 "인생은 너와 나의 만남이다."라고 했다. 여자는 좋은 남편을 만나야 행복하고, 남자는 좋은 아내를 만나야 행복하다. 학생은 훌륭한 스승을 만나야 실력이 늘고, 스승은 뛰어난 제자를 만나야 가르치는 보람을 누린다. 자식은 부모를 잘 만나야 하고, 부모는 자식을 잘 만나야 불행하지 않다. 씨앗은 땅을 잘 만나야 잘 성장하고, 땅은 씨앗을 잘 만나야 다음을 약속한다. 인생에서 만남은 모든 것을 결정한다. 인생의 변화는 만남을 통해 시작된다.

우리는 만남을 통해 서로 발전하고, 우리의 만남도 항상 서로에게 변화를 주는 것이어야 한다. 오늘 하루도 서로 아끼고 사랑하며 서로에게 보탬이 되는 삶이 되도록 해야 한다. 슬기로운 사람은 남들이 불행하다고 생각하는 조건 속에서도 만족을 발견하고, 어리석은 사람은 남들이 부러워하는 조건 속에서도 눈물을 흘린다.

나도 공인노무사가 되고 나서 만난 좋은 사람들이 결국 지금 이 자리까지 오게 한 든든한 지원군이 되었다. 중학교 중퇴 학력인 내가 쟁쟁한 대학을 나오고 좋은 직장에 있는 사람과 경쟁한다는 것은 애초부터 불가능한 게임이었다. 그러나 꾸준한 만남을 통해 나의 진심을 알게 된 노조간부, 인사담당자, 연구원, 기자를 비롯한 많은 사람이 나에게 관심을 두고 하나씩 사건과 자문회사를 소개해 주면서 공인노무사로서 내 위치를 구축할 수 있었다.

노동 운동을 하는 선후배들은 기회가 있을 때마다 매스컴과 조직에 얼굴을 알릴 기회를 제공했다. 덕분에 TV 뉴스나 교양 프로그램, 신문 등에서 인터뷰하면서 활발하게 활동할 수 있었다. 나만의 다큐멘터리와 대담 프로그램을 방송하는 영광도 있었다.

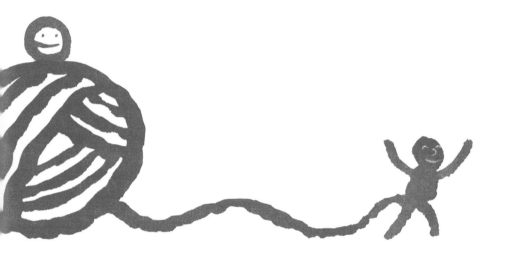

한국노동연구원의 노사관계 고위 지도자 과정에서 만난 동문은 대기업 자문이 하나도 없던 나에게 처음으로 자문노무사의 자리를 만들어 주었다. 현장에서 직접 노동 운동을 했던 현장 출신으로 노동 문제에 이론과 실무를 겸비했기에 가능한 일이었다. 세월이 많이 흘렀지만, 그때 맺은 인연은 아직도 진행 중이며 개인적인 친분도 죽마고우 이상으로 끈끈하게 연결되고 있다. 그중에는 내가 시골에 조그만 농장을 만들자, 그 주변으로 내려와 함께 즐거운 주말을 보내는 이들도 있다.

'중앙경제'와의 만남은 내가 크게 도약하는 발판을 만들었으며, 그 인연은 40년 이상 지속되고 있다. 중앙경제는 노동법, 노사관계 전문 출판사이면서 교육기관인데 1984년 내가 노동조합 총무부장을 할 당시 『노동법통람』을 구입한 것이 인연의 시작점이었다. 사법 시험을 준비할 때 상담역으로 위촉해주어 생활에 보탬이 되도록 하기도 했다. 1995년부터 월간 『노동법률』에 글을 싣기 시작해 현재까지 17년 동안 칼럼 등 원고를 연재했으며, 2005년부터 중앙경제 HR교육원 원장까지 맡으면서 학력보다는 실력과 글, 강의로써 인정받는 기회를 만들어주었다.

앞으로도 중앙경제와의 만남은 내가 글을 쓰기 싫을 때까지 계속될 것이다. 쿠팡의 변연배 부사장 역시 컨설팅과 강의 때문에 만난 인연을 지금은 사업의 파트너로서, 친한 친구로서 이어오고 있다. 언제나 든든한 후원자임을 자처하는 변 전무가 있기에 늘 겁 없이 앞으로 달려갈 수 있는 용기가 생긴다.

공인노무사 시험을 준비할 때 만난 친구 정승기 감정평가사 역시 평생을 함께하는 귀한 인연이다. 학원에서 스터디 그룹의 일원으로 인연을 맺은 친구인데, 2차 논문시험에 문외한인 나에게 답안 작성 요령부터 2차 공부 방법을 친절하게 전수해 주었다. 3개월간 마지막 총정리를 남산에 있는 독서실에서 하면서 경제적, 정신적으로 많은 도움을 받았다. 그 덕분에 나는 공인노무사로 합격하였고, 그 친구는 감정평가사로 방향을 바꾸어 시험에 곧바로 합격해 지금은 청주에서 활동하고 있다.

중학교 중퇴의 학력임에도 좋은 성적을 낼 수 있었던 것은 따지고 보면 함께 스터디를 한 친구들이 조언과 방향 제시를 해 준 공이 크다. 스터디 멤버 6명 중 중간에 포기한 1명을 제외하고 4명이 노무사에 합격했으며 1명이 감정평가사에 합격했다.

여러 가지 형태의 인연들

옷깃만 스쳐도 인연이라고 하지만, 한평생을 살다 보면 좋은 인연도 있고 상처뿐인 인연도 있다. 그것이 인생이라는 연극이다. 나 혼자만의 1인 연극이지만 등장인물은 무수히 많다. 나도 다른 사람의 연극에 찬조 출연을 하고, 다른 사람도 내 연극에 찬조 출연을 해 준다. 그러다 보면 의미 있는 만남도 있고, 아예 만나지 않았으면 더 좋았을 걸 하는 만남도 있다.

지금은 그리워도 볼 수 없는 고故 노무현 대통령과의 만남은 나에게 의미 있는 시간이었다. 긴 시간을 함께 보낸 것은 아니지만 세상을 좋게 만들어야 한다는 지혜를 가르쳐준 고마운 분이다. 처음 만난 것은 내가 노고지총동창회 산악회 총무를 할 때, 그분이 산악회에 참석한 것이 인연이 되었다. 정치인이면서도 곱사춤을 추는 소탈하고 서민적인 모습이 매력이었다. 인간적인 농담을 주고받을 정도로 친해진 이후엔 내 사무실에도 직접 찾아와 주었다. 내 강의 일성이 틀어지는 바람에 조그만 사무실에서 30분 이상을 기다리면서도 당시 그곳 일을 돕던 아내를 위해 구수한 언변으로 지루함을 풀어주는 유머 감각이 있었다. 당신이 변호사이니 노무사와 변호사가 함께 사무실을 내는 것은 어떻겠느냐는 제안이 있었다. 고민 끝에 그 제안을 거절했는데, 자칫 나도 정치판에 휩쓸릴까 두려웠기 때문이다.

　그래도 내 자서전 출판기념회에서 축사를 맡아 주었으며, 당신도 엘리베이터를 타고 올라가겠다는 꿈을 처음으로 밝히면서 대통령이 되는 작업에 시동을 걸었다. 당신이 총동창회 회장으로 추대되었을 때에 부족한 나를 간사장으로 임명해 함께 일하고 싶어 했지만, 그것도 내가 사법 시험을 준비하는 관계로 이루어지지 못했다. 두 번 모두 내 개인적인 입장 때문에 함께 일하자는 제안을 거절한 셈인데, 허망하게 돌아가시고 나니 더욱 가슴이 저려온다.

　또 한 분과 의미 있는 만남이 있다. 바로 제주 성산포에 사는 시인이자 탐험가인 채바다 하멜기념사업회 회장이다. 제주 출신인 채바다 시인은 고대 조상의 바닷길을 찾아 원시 떼배인 '태우'를 타고 3차에 걸쳐 일본과 우리나라 물길을 오간 탐험가이다. 평범하고 편안한 삶을 마다하고 목숨까지 걸면서 남들이 하지 않는 도전과 모험을 즐긴다. '즐긴다'기보다 '미쳐 있다'고 하는 것이 맞는 표현인지도 모른다.

인류 역사가 이러한 '도전과 모험'에 의해 발전하고 문화가 이동되어 왔다고 본다면, 아마 그들의 정신 자체는 가장 값진 삶의 형태일 수도 있다. 당시 채 시인이 타고 항해한 첫 번째 떼배인 '천년 1호'는 서귀포시 천지연 입구에 전시되어 있으며, 두 번째 떼배인 '천년 2호'는 제주해녀박물관에 전시되어 있다. 그리고 '왕인박사호'라고 이름 붙인 세 번째 떼배는 전남 영암의 왕인박사기념관에 전시되어 있다. 채바다 회장님과는 노고지산악회에서 한라산 산행을 하는 기회에 인연이 되었는데, 도전 정신과 기록 정신에서 많은 배움을 얻고 있다. 자서전 출판기념회 때 직접 축시를 지어 보내시고, 하멜 리더십도 함께 연구하고 있다.

반면, 상처뿐인 만남도 많이 있다. 목장에서 함께 고생하던 후배가 월세도 못 내는 나에게 사기를 친 것 하며, 내가 믿고 따르던 형님이 돈 때문에 배신을 한 것도 가슴 아픈 기억이다. 택시 운전을 하면서 겨우겨우 모은 돈으로 연립주택을 분양받았는데, 회사가 부도나는 바람에 집 한 채를 날릴 때는 하늘이 무너지는 것을 경험했다. 내가 다른 사람에게 상처를 준 경우도 많이 있을 것이다. 인생이라는 연극에서 항상 좋은 일만 있는 것은 아니다. 상처뿐인 만남도 내 연극의 일부이고, 내 삶의 한 부분이다.

소중한 인연

유유상종이라는 말과 같이 어떤 일을 하느냐에 따라 만나는 사람과 인맥이 달라진다. 택시운전을 할 때는 운전기사 외에는 만나는 사람이 거의 없었지만, 노무사로 활동하면서 다양한 인간관계가 형성되었다. 독학으로 가방끈을 늘였듯이 많은 사람들을 만나면서 좋은 인연이 늘어난 것이다. 택시운전을 하면서 노동운동을 한 것이 인연이 되어 한국노총의 박인상 위원장, 이용득 위원장, 이남순 위원장을 비롯해서 이원보 이사장, 김주영 위원장, 백헌기 회장, 이정식 총장, 임준택 본부장과는 지금까지 지속적으로 만남을 이어오고 있다. 특히 박인상 위원장은 『노동법 어떻게 접근할 것인가』라는 첫 책을 낼 때 사무실을 직접 방문해서 축사를 해주셨고, 다른 사람에게 '최고의 노무사'라고 적극적으로 소개하는 등 지원을 아끼지 않는다. 이용득 위원장은 어려운 여건에서도 내가 중노위 공익위원이 될 수 있도록 전폭적으로 지원했으며, 이남순 위원장도 『오르지 못할 나무는 엘리베이터를 타라』 자서전 출판기념식 때 멋진 축사로 자리를 빛내주었다.

박홍섭 구청장과 윤조덕 교수, 손장익 상무 등은 노고지모임을 통해서 만나 소중한 인연으로 성장했다. 노고지모임에서는 초창기 산악회 총무, 총동창회 집행간부, 산악회장 등을 맡으면서 궂은일을 열심히 한 덕분에 지금까지 끈끈하게 연을 이어오고 있다. 그리고 김동만 이사장, 김영배 부회장, 구자관 회장, 윤동한 회장, 이동응 전무, 임방글 변호사, 정대홍 탤런트, 곽한영 대표, 김한기 노무사를 비롯한 제2회 노무사, 김인국 대표를 비롯한 산외초 동창들, 남상인 대표를 비롯한 수유초 동창들, 문주현 회장을 비롯한 검정동문회, 조상희 회장을 비롯한 57평우회 친구들이 모두 제 인생 항로를 함께하는 동행이 되어 주었다.

노동법학회, 노동법이론실무학회에도 적극적으로 참여하고 있으며 포스리포럼이나 인간개발연구원을 통해서 장만기 회장, 이성기 차관, 한영섭 원장, 가재산 대표, 장상수 교수, 윤기설 학장, 홍석환 교수, 김관영 전무 등 다양한 전문가들과 소중한 인간관계를 이어가고 있다. 또한 고려대학교 석·박사 과정을 다니면서 김형배 교수, 하경효 교수, 이정 교수, 박종희 교수, 박지순 교수, 김동원 교수, 권혁 교수와 함께 재미있게 공부를 한 것도 좋은 추억이며 인연이다. 박준성 교수, 송강직 교수, 이철수 교수, 김홍영 교수, 배규식 원장, 허재준 박사, 조성재 박사, 유길상 교수, 방하남 장관, 이기권 장관, 엄준하 박사, 부종식 변호사 등 많은 분들의 응원이 큰 힘이 되었다.

멀리 가려면 함께 가라는 말이 있듯이 인간은 사람 사이에서 부딪히며 배우고 성장하는 것이다. 내가 이룬 성과가 나 혼자만의 노력으로 이루어진 것이 아니고 결국 다른 사람들의 적극적인 후원이 있어서 가능한 것이었기에 앞으로도 소중한 인연은 계속될 것이다. 또한 내가 받은 것이 많은 만큼 사회적으로 더 돌려주려는 노력을 할 생각이다.

어울림의 속성

 그 사람이 어떤 사람인지 알려면, 그 사람이 어떤 사람들과 만나는지 보면 알 수 있다고 한다. 특히 자주 만나는 사람의 연봉을 평균하면, 그 사람의 연봉과 비슷하다는 연구도 있다. 이런 것들은 좋은 만남이 가지는 여러 가지 의미를 복합적으로 잘 설명해 준다. 실제로 가장 자주 만나거나 가장 친한 친구 10명의 이름을 적어보고, 그 사람들의 연봉을 평균하는 작업을 해 보라. 예외는 있겠지만, 지금의 내 연봉과 비슷하다는 사실에 놀랄 것이다.

 행복한 사람이 주변에 행복을 전한다는 흥미로운 연구 발표에 이어, 같은 연구팀은 온라인 인맥에서도 이와 같은 '행복 바이러스'가 작용한다는 사실을 발표하여 화제가 된 적이 있다. 미국 UC샌디에이고대학 제임스 파울러 박사팀은 온라인상의 인맥으로 행복과 인맥의 상관관계를 조사한 결과, 행복한 사람일수록 행복한 사람과 더 많이 연결되어 있을 가능성이 높다고 발표했다. 행복이 주변에 전염된다는 연구를 뒷받침하는 결과이다.

 인간관계는 공짜로 주어지는 전리품이 아니다. 부단한 노력을 기울여 관계를 맺고 성실하게 관리해야 한다. 그렇지 않으면 끊기기 쉽고 왜곡되기 쉬운 것이 바로 인간관계이다. 만나는 사람들을 진정으로 존중하고, 그들의 진심을 이해하려고 노력하는 관계만이 지속적으로 유지될 수 있다. 관계가 필요한 것은 우리 사회가 사람과 사람 관계로 이루어지기 때문이다.

사람이 세상의 중심에 있고, 그런 사람들과 서로 어울리면서 사회를 이룬다. 비즈니스의 근간이 되는 팀이나 조직 등도 사람과의 관계로 맺어진다. 비즈니스 사회뿐 아니라 그 어떤 사회에서도 사람과의 관계를 떠나서는 살 수 없다. 결국, 어떤 사람과 관계를 맺고 유지하느냐에 따라 앞으로의 미래가 달라질 수 있다. 관계는 바로 그러한 인생을 좀 더 윤택하고 성공적으로 이끄는 데 필요한 전제 조건인 셈이다.

　관계 관리에 대한 책을 여러 권 출간한 양광모 소장은 "사람을 낚는 어부가 되어라!"라고 외친다. 관심을 두고 배려하며 공감해서 만들어낸 좋은 인맥, 좋은 인간관계는 인생의 성공을 좌우하는 중요한 열쇠라고 강조한다. 평생에 걸쳐 중요하게 만나는 사람들이 나의 삶, 운명이라는 것을 명심하고, 좋은 인간관계를 구축해야 한다는 것이다.

　관계 관리는 자기 관리다. 다른 사람을 관리하는 것이 아니라 나를 관리하는 것이다. 나부터 먼저 매력과 능력을 갖춰야 하며, 좋은 인맥을 스스로 찾아내야 한다. 늘 다른 사람에게 관심을 두고, 공감하고, 배려해야 한다. 또한, 관계 관리는 행복 관리다. 돈, 명예, 권력도 중요하지만, 이것들이 행복을 얻는 필수 조건은 아니다. 행복은 결국 사람들과의 관계에서 나온다. 첫인상은 만난 지 1초 안에 형성된다고 한다. 1초라는 시간 동안 상대방으로 하여금 자신이 반가워하고 있다는 인상을 주었다면 관계 관리의 첫발을 잘 내디딘 것이다.

관계는 서로 간에 주고받는 관계이다. 일방적으로 한쪽은 주고 한쪽은 받는 관계라면 금방 깨지기 마련이다. 이른바 주고받는 'Give & Take'는 인간관계의 가장 기본 법칙에 속한다. 그것을 '50:50의 법칙'이라고 한다. 주당들이 백세주와 소주를 섞어 오십세주를 제조했듯이 인간관계는 너도 살고 나도 사는 50:50의 법칙이 존중되어야 한다. 더 나아가 주고 잊어버리는 'Give & Forget'이나 주고 또 주는 'Give & Give'도 주장된다. 인간이 더불어 산다는 것은 곧 주는 생활인 동시에 받는 생활이다. 인간관계에서도 심는 만큼 거둔다는 자연법칙이 적용된다.

인생이란 미래를 위한 준비라고 할 수 있다. 미래를 위한 가장 훌륭한 준비는 어떤 사람과 인생을 같이하느냐에 달려 있다. 남에게 존중받고 싶다면, 먼저 자신을 존중해야 한다. 다른 사람의 호감을 사는 방법은 다른 사람을 인정하고, 그 사람의 말을 열심히 들어주는 것이다.

11) 관계(Human Networking)
 - 인맥 경영 13579법칙을 활용하라.

12) 가족(Family)
 - 매주 1회 이상 가족과 진심으로 대화하고 함께 시간을 보내라.

13) 감사(Thanks)
 - 조그만 것에도 감사하고 '미고사(미안하고 고맙고 사랑하고)'를
   생활화하라.

14) 파트너십(Partnership)
 - 사람과의 관계에서 '50:50의 법칙'을 지키고 상대를 격려하라.

15) 경청(Listening)
 - 상대방의 말을 끝까지 경청하고 관심을 표현하라.

16) 신뢰(Trust)
 - 약속은 꼭 지키고 신뢰를 깨지 말라. 사람들을 진심으로 대하라.

17) 커뮤니케이션(Communication)
 - 커뮤니케이션과 부탁을 잘하라.

18) 겸손(Humility)
 - 자신을 낮추고 겸손의 미덕을 발휘하라.

19) 통섭(Consilience)
 - 이분법적이고 흑백 논리가 아닌 통섭적 사고를 하라.

20) 관계(Relations)
 - 함께하는 존중하는 'Win-Win 관계'를 유지하도록 하라.

3rd Wheel
My Challenge
(도전)

우리는 1만 번 넘어져야 겨우 걸음마를 배운다. 세상에 안 쪄본 온오지 같것은 없으니 끊임없이 도전하고 또 도전하라.

위대한 성공은 위대한 실패에서 나온다.

−엄홍길

3rd Wheel
My Challenge
(도전)

거듭된 실패, 계속되는 도전

내가 살아온 인생을 돌이켜 보면 성공한 것보다 실패한 것이 훨씬 더 많다. 성공한 것은 손에 꼽을 정도인데, 실패한 것은 하도 많아서 다 셀 수가 없을 정도이다. 그렇게 실패를 거듭하면서도 포기하지 않고 끝까지 덤비게 한 원동력은 무엇일까? 바로 소년원에서 겪은 밑바닥 인생과 지독한 가난일 것이다. 결코 넘어지지 않는 것이 아니라 넘어질 때마다 일어서는 것, 거기에 삶의 가장 큰 영광이 존재한다는 넬슨 만델라의 말처럼 나도 넘어질 때마다 백 번이고 천 번이고 일어섰다.

지금까지 그래도 가장 성공적이었던 것은 목장에서 3년을 버틴 것

과 택시 운전으로 10년을 먹고산 것 그리고 택시 운전 틈틈이 한 공부가 바탕이 되어 공인노무사 시험에 합격한 것이다. 이후 공인노무사로서 강의, 원고 집필과 책 출판 그리고 독학이지만 꾸준하게 계속하는 학업도 포함될 것이다. 그 외 장사나 사업은 대부분 결실을 거두지 못하고 시도하는 것으로 끝났다.

우리는 누구나 행복Happiness과 성공Success을 꿈꾼다. 아니 행복과 성공을 간절히 열망한다. 그런데 그 길은 그리 쉽게 찾아지지 않는다. 보통 성공이라고 하면 대부분 돈, 높은 지위, 권력, 명예를 얻는 것을 의미한다. 그러나 이것이 진정한 성공은 아니다. 인생은 자신이 스스로 항해를 하는 것이다. 어떤 인생을 살아갈 것인지 목적지를 정하고, 현재위치를 파악한 다음 경유지를 스스로 결정해서 꾸준하게 자신의 꿈을 이루어가는 것이 진정한 행복이고 성공이다.

랠프 월도 에머슨도 성공을 이렇게 노래한다. "성공이란 자주 그리고 많이 웃는 것, 현명한 이에게 존경받고 아이들에게서 사랑받는 것, 정직한 비평가의 찬사를 듣고 친구의 배반을 참아내는 것, 아름다움을 식별할 줄 알며 다른 사람에게서 최선의 것을 발견하는 것, 자신이 한때 이곳에 살았음으로써 단 한 사람의 인생이라도 행복해지는 것이다."라고….

행복은 '자신이 좋아하고 가치 있는 일을 즐겁게 하면서 삶의 여유를 갖는 것'이고, 성공은 '자기가 하고 싶은 꿈을 이루어나가는 아름다운 성취의 과정이며 서로가 존중하고 인간답게 살아가는 것'으로 정의할 수 있다. 즉, 자기가 좋아하는 일을 즐겁게 하는 것이 행복과 성공의 제1단계이다.

폴 마이어Paul J. Meyer는 "성공이란 미리 설정한 가치 있는 목표를 점진적으로 실현해 나가는 것이다."라고 했다. 브라이언 트레이시 Brian Tracy도 "성공이란 당신이 가장 즐기는 일을 당신이 감탄하고 존경하는 사람들 속에서 당신이 가장 원하는 방식으로 행하는 것이다."라고 적고 있다. 자신이 좋아하는 일을 스스로 즐겁게 하는 것이 행복이고, 자신이 설정한 목표를 다른 사람과 함께 즐겁게 하는 것이 성공이라면, 행복과 성공은 같은 의미이다.

공인노무사로서 강의, 글쓰기, 공부 빼고는 그다지 잘한 것이 없는 인생임에도 스스로 성공에 대해 얘기하는 것은 내가 하고 싶은 가치 있는 일을 열심히 하는 것이 성공이라고 정의하기 때문이다. 그 외에 내가 도전하고 시도했던 장사나 사업은 세상의 잣대로 보면 고배를 마신 것이 대부분이다. 크게 성공하지 못한 사례를 순서대로 나열해 보면 엿장수와 고물장사가 첫 번째이다. 엿장수와 고물장사에 대한 도전은 가진 것이라곤 달랑 몸뚱어리밖에 없는 18살 때이다. 겁 없이 뛰어든 데는 잃을 것이라곤 리어카 한 대뿐이었기 때문이다. 경험이 없는 데다 고물 가격을 잘 모르니 비싸게 사서 싸게 넘기는 등 겨우 본전치기에 그치는 날이 많았다. 그래도 리어카를 끌고 고물장사를 하면서 세상 물정을 많이 배웠다. 엿장수와 고물장사를 그만두고 시작한 과일행상 역시 성공하지 못했다. 과일 도매상에서 사과 등 과일을 박스로 사다가 몇 개씩 봉투에 담아 소매로 파는 것인데,

좋은 길목을 빼앗기고 과일을 선별하는 법도 제대로 배우지 않고 무작정 시작한 탓에 고물장사와 마찬가지로 본전만 건지는 날의 연속이었다.

그 후 다시 리어카를 개조해 시작한 것이 포장마차였다. 지금과 같은 기업형 포장마차가 아니고 여기저기 끌고 다니면서 오뎅 국물과 쏘주를 파는 떠돌이 포장마차였다. 장사는 목이 가장 중요한데, 좋은 목은 이미 다른 사람들이 차지해서 그냥 발길 가는 대로 돌아다니다 보니 제대로 된 장사도 못 해보고 접는 날이 허다했다. 음식 맛을 내지 못한 것도 실패의 원인이었다. 그렇게 해서 군대 가기 전에 시작한 엿장수, 고물장사, 과일행상, 포장마차는 보기 좋게 실패로 끝나고 장사라는 경험을 했다는 이력만 남았다.

깡에 살고 깡에 죽다

'인생 뭐 별거 있어? ○○○지!'라는 광고가 있었다. 나는 예전부터 이것을 '인생 뭐 별거 있어? 깡생깡사로 사는 거지!'로 생각하며 살아왔다. 깡으로 살고 깡으로 죽는다는 저속한 표현이지만, 내성적이고 숫기 없던 나를 저돌적이고 도전적인 사람으로 변하게 한 것이 '깡생깡사'이다. 춘천소년원 시절에도 깡다구로 조직의 꼭대기에 올라본 경험이 있다. 지레 겁먹고 움츠리거나 포기하는 사람에게는 기회조차 주지 않는 것이 세상 이치이고 보면 나에게 도전을 의미하는 깡생깡사는 구세주나 마찬가지였다.

깡생깡사의 위력을 처음으로 경험한 곳은 소년원에서였지만, 사회 생활에서는 화장품 외판을 하면서부터였다. 화장품 외판은 외상으로 물건을 사다가 외상으로 물건을 팔고 나중에 수금하면 입금하는 형태여서 밑천 없이도 시작할 수 있었다. 그런데 막상 자전거에 화장품을 싣고 주요 고객인 아주머니들을 찾아가는 길이 말처럼 쉽지 않았다.

그냥 자전거만 타고 동네를 휙 돌고 나오는 것이 일과가 되고 점점 자신감을 잃어갈 즈음 까짓것 벨이라도 눌러보고 그만두자는 자포자기의 마음으로 깡생깡사를 속으로 외치면서 벨을 눌렀다. "화장품 사세요!" "예뻐지는 화장품이 왔어요!"라고 골목을 떠들고 다녔다. 죽기 아니면 까무러치기라고 막다른 골목에 선 쥐와 같은 심정으로 깡다구로 소리쳤던 것이다. 이것도 못 하면서 밥 먹을 생각하느냐고 자신에게 채찍도 심하게 내려치면서….

그러나 세상은 깡생깡사만으로 살아가기에는 배워야 할 것이 너무 많았다. 오직 배짱 하나로 시작한 화장품 장사는 결국 외상 수금이 잘 안 되어 빚만 잔뜩 지고 종치고 만 것이다. 이후 운전면허를 따고 장돌뱅이를 할 요량으로 1톤 트럭을 중고로 구입했다. 밑천이 없던 관계로 아내를 협박(?)하고 졸라서 얼마 되지도 않는 결혼 패물을 팔고 또 아내 친구한테 빌린 돈으로 말이다. 이렇게 무데뽀인 남편을 그래도 남편이랍시고 따뜻한 밥 먹여 내보낸 아내의 심정은 어땠을까? 막상 차를 샀지만 무얼 할지 정하지 않아 차만 끌고 여기저기

염탐만 하다 세월을 보냈다. 덤핑장사가 괜찮다는 말에 동대문시장을 얼쩡거리기도 하고, 시골 양계장에서 계란을 사다가 마이크로 떠들면서 팔면 장사가 될 거라는 말에 홍성, 광천 등지로 양계장 순례를 떠나기도 했다.

결국, 장사다운 장사도 못 해보고 차 사느라 생긴 빚만 잔뜩 늘어났다. 엎친 데 덮친 격으로 방세를 내지 못해 젖먹이 아이를 업고 쫓겨나 햇빛 하나 들지 않는 연립주택 지하실에서 비참하게 산 기억도 있다.

처절하게 찢기고 너덜너덜해진 인생에서 나를 끝까지 버티게 한 것은 가족이라는 울타리와 깡생깡사라는 도전 정신이다. 실패하고 또 실패해도 포기하지 않고 삶을 살아낼 수 있었던 원동력이 바로 '인생 뭐 있어? 깡생깡사로 사는 거지!'였다. 그것이 중학교 중퇴의 학력에도 공인노무사 시험을 끝까지 붙들고 늘어져 기어이 합격이라는 영광을 주었고, 최고의 공인노무사, 최고의 강사라는 수식어를 따라다니게 한 일등공신이었다.

한 번만 더, 한 걸음만 더, 한 시간만 더

경쟁에서 승리하거나 목표를 성취한 사람들에게는 공통점이 하나 있다. 다른 사람과의 경쟁보다 오히려 자기 자신과의 치열한 싸움에서 이겼다는 것이다.

공인노무사 시험과 사법 시험 등 시험을 준비할 때 주변에서 어차피 경쟁률은 2대 1이라는 말을 들었다. 100대 1, 200대 1이라는 다른 경쟁자와의 경쟁이 중요한 것이 아니라 본인의 의지와의 싸움에서 이기면 시험은 당연히 합격한다는 것이었다. 타인과의 경쟁에서 승리한다는 것도 힘든 일이지만, 더 힘든 것은 자신과의 싸움에서 이기는 것이라는 얘기였던 셈이다. 남들보다 자기 자신에게 더욱더 가혹하고 훨씬 더 엄밀한 평가의 잣대를 적용하는 것, 모두가 인정할 만한 성과에도 만족하지 않고 끊임없이 새로운 목표를 향해 나아가는 것 — 이러한 정신이 없다면 무엇을 성취한다는 것은 힘든 일이다.

자신과의 싸움에서 이기는 데 필요한 것이 바로 '한 걸음 더' 정신이다. 마지막으로 한 번만 더 시도해 보는 도전 정신. 이것이야말로 포기하고 싶은 자신을 극복하는 유일한 방법이다.

택시 운전을 할 때 건강을 위해 헬스클럽엘 나갔는데 벤치프레스, 턱걸이 등 운동을 하다 보면 10번씩 3회, 20번씩 3회 등 계속해서 도전 목표를 높여나가는 경우가 있다. 그 목표를 끝내고 나면 마지막으로 '한 번만 더' 시도를 해본다. 그 시도는 나를 한 단계 더 도약시키는 중요한 단초를 제공한다. 처음에 정한 목표인 10번, 20번에서 끝내면 더 이상의 발전은 기대하기 어렵다. '이 정도면 되겠지'라고 방심하다가는 결코 경쟁력을 높일 수 없다. 목표에 도달했다고 생각할 때 만족하지 않고 '한 걸음 더' 내디딜 수 있다면, 우선 정신력 면

에서 한 단계 더 발전할 수 있다.

쉽게 포기하지 않는 정신, 목표를 이루었다고 가벼이 기뻐하지 않고 방심하지 않는 태도, 한 단계 더 발전할 수 있다는 자기 자신에 대한 믿음 등이 나를 키우고 발전시킨다. 세상은 끊임없이 변화하고 진보하며 무한 경쟁은 갈수록 심해지고 있다. 그 속에서 살아남으려면, 이 정도의 노력은 필수가 아닐까. 그리고 포기하고 싶을 때 '한 번만 더'라고 외치고 끝까지 붙들고 늘어져 보자. 까짓것 네가 이기나 내가 이기나 두고 보자는 똥배짱이 결국은 원하는 것을 손에 넣는 길이다.

내가 공인노무사 시험을 볼 때 1회 시험이 1986년에 있었는데 2회 시험은 3년이나 지난 1989년에야 있었다. 대부분 사람은 시험이 없어질 것으로 생각하고 미리 포기했지만, 나는 3년간 꼭 합격하겠다는 각오로 쉬지 않고 공부하고 또 공부했다. 택시 운전을 하면서 시험공부를 계속하다가 과로로 쓰러져 병원에 입원했을 때조차도 끝까지 붙들고 늘어졌다. 다른 사람은 포기하고, 나는 계속 공부했으니 결판은 이미 시험장에 들어가기 전에 나 있었다. 공부를 하든지 다이어트를 하든지 사업을 하든지 이러한 '한 번만 더, 한 걸음만 더, 한 시간만 더' 정신이 결국은 그 일에 대한 성공을 보장한다.

물은 99도에서는 끓지 않는다. 1도가 보태져서 100도에 다다랐을 때 비로소 물은 끓고 수증기로 변한다. 99도에서 바로 '1도만 더'라는 끈기와 도전이 물을 수증기로 변화시키는 것이다.

미친놈의 공인노무사 시험 합격

내가 택시 운전을 하면서 공인노무사 시험을 준비한다고 했을 때 주변의 시선은 싸늘함 그 자체였다. '미친 거 아니냐?'라는 소리도 들었다. 주제 파악 못 하고 설친다는 뜻이다. 그런 소리까지 들은 마당에 나도 '미친놈'처럼 공부했다. 3년간 공인노무사 시험공부 외에 다른 것은 모두 잊었다. 장기, 바둑, 테니스 등 오만 잡기는 물론이고 노동조합 활동도 아예 안 본 척, 안 들은 척하면서 지냈다. 누가 물어봐도 나는 현장을 떠났으니 집행부에 물어보라는 식으로 철저히 외면했다.

그렇게 철두철미하게 관리했음에도 시간은 부족하고 급기야 과로로 병원에 입원까지 하는 사태가 발생했다. 낮에는 일하고 밤에는 공부하는 '주경야독'의 강행군에다 택시 핸들에 붙여 놓은 책을 신호 대기 시간에도 읽는 '형설지공'이 보태졌으니 탈이 날만도 했다.

미친놈이 한 미친 짓을 나열하여 보면 당시 내 생활이 얼마나 절박했는지 이해할 수 있을 것이다. 우선 새 차를 고정적으로 탈 수 있음에도, 이를 포기하고 속칭 '스페어 기사'로 내려앉았다. 고정 기사는 매주 교대자와 주·야간 맞교대를 해서 생활 리듬이 깨지고 학원에 다닐 수 있는 안정적인 시간 확보가 어렵다. 고정 기사가 몸도 편하고 돈벌이도 훨씬 좋지만, 공부를 위해서는 스페어 기사가 오히려 나에게 더 어울렸다. 매일 오전 일정한 시간에만 근무하고 오후에는 집에 들어가 고정적인 학습을 할 수 있었기 때문이다. 수입은 줄었지만 시험 준비에는 아주 제격이었다.

　시중에서 구한 방송대학교 테이프나 학원에서 직접 녹음한 테이프
는 운전하는 내내 틀어놓고 다녔다. 손님 중에는 듣기 싫다고 꺼 달
라는 사람도 있었지만, 대부분 양해를 구하면 이해해 주었다. 하루
에 테이프 10개를 가지고 나가면 10개를 다 듣는 전략을 활용했다.
손님과의 실랑이나 마찰을 피하고 싶으면 휴대용 카세트 플레이어를
이용해 혼자 듣고 다녔다.

　자투리 시간을 활용하려고 책이나 법전을 핸들에 오려 붙여 운전
하는 틈틈이 책을 읽고 법전을 암기했다. 하루에 주어진 시간은 24
시간뿐이고 먹고살기 위해 12시간 택시 운전을 하고 나면 잠자는 시
간을 아무리 줄인다고 하더라도 하루 6시간밖에 확보하지 못했다.
따라서 부족한 공부 시간을 운전하면서 책 보는 것으로 대체했다. 핸
들에 책을 오려 붙이고 다니면서 신호 대기 중이나 차량이 정체될 때
마다 잠깐씩 들여다보았다. 그래도 수백 페이지의 책이 하루에 다 넘
어갔던 것을 보면 반복 학습의 효과가 꽤 큰 편이었다.

　1989년 2차 시험을 몇 달 남겨두고 시간이 절대적으로 부족하다
는 것을 깨닫고 회사에 휴직원을 제출한 후 시험에만 전념하기도 했다.
택시 기사는 본인이 입금한 것을 중심으로 급여가 책정되기 때문에 휴
직하면 회사로부터 받는 돈이라곤 얼마 안 되는 기본급이 전부였다. 그
래도 마음이 다급했으므로 남산에 있는 고시원에서 하루 24시간 시
험공부에만 매달리는 몰빵 작전을 구사했다. 새벽부터 다음날 새벽

까지 먹고 자는 시간을 빼고 온통 시험공부에만 투자한 덕분에 시험장에서는 홀가분하게 1과목당 10장의 논문 작성을 무사히 마칠 수 있었다. 무더운 여름이라 겉옷도 벗고 셔츠 차림으로 장장 6시간의 시험을 끝마치자, 그제야 끝났다는 안도감과 혹시라도 떨어지면 어쩌지 하는 불안감이 한꺼번에 몰려왔다.

몇 개월 후 합격자 발표일 이틀 전에 친척 아저씨로부터 합격했으니 걱정하지 말라는 전화를 받고 아내와 부둥켜안고 아무 말 없이 그냥 울기만 했다. 지난 3년간의 수험 생활이 한 편의 파노라마로 지나갔다. 아니 소년원에서 나온 이후 20년간의 처절했던 생활이 주마등처럼 떠올랐다. 학력, 실력, 시간, 돈 등 모든 것이 부족한 상황에서 오직 정신력과 끈기 하나로 시작한 공인노무사 시험에서 나는 내 존재 가치를 조금이라도 찾을 수 있었던 것이다. 합격자 발표일에 내 이름을 신문에서 본 택시회사 친구들이 조합 게시판에 방을 붙였다. '인간 승리! 우리의 구건서! 미친놈이 공인노무사 시험에 당당히 합격하다'라는 내용이었다. 그렇다. 죽을 각오를 하지 않고는 도저히 합격할 수 없는 시험이었기에 나는 미친놈처럼 시험공부에 매달렸다. 그것도 택시 운전을 하며 핸들에 붙여 놓은 법전을 외워가면서 말이다. 세상 모든 일에는 뿌린 만큼 거둔다는 '진인사대천명盡人事待天命'이 진리로 회자되고 있다. 죽으라고 노력해도 안 되는 일이 있는 것은 사실이지만, 진짜 죽을 만큼 애쓰면 세상은 그 사람에게 반드시 어떤 보상을 한다. 그것이 사업이든 공부든, 더 나아가 돈을 버는 일이든….

절박함이 역경을 이긴다

요즘 TV는 오디션 프로그램으로 넘쳐난다. 아마추어들이 주로 노래와 춤, 특기를 발휘하는 무대인데, 이를 통해 인생을 배울 좋은 기회라고 생각한다. 물론 치열한 경쟁이 삶의 모든 것은 아니며, 서로를 이해하고 도와주면서 사는 것이 더 멋진 인생임은 틀림없다. 오디션 프로그램에 나와서 경쟁하는 젊은 친구들도 연습하는 동안은 서로 돕고 친구로 지낸다.

그런데 막상 무대에서 누구는 떨어지고 누구는 캐스팅되는 과정을 거치면서 상대를 떨어뜨려야 내가 살아남는다는 비정한 현실을 겪게 된다. 수천 명이나 되는 경쟁자 중에서 최종 결선에 오르고, 결선에 오른 사람끼리 또다시 최고를 가리는 경쟁 시스템에서 상대보다 하나라도 잘하지 않으면 절대로 뽑히지 않는다. 실력도 실력이지만 삶이라는 스토리도 하나의 고려 항목이다. TV를 보는 사람들이 감동해야 프로그램이 살고, 프로그램이 살아야 광고가 들어오고…. 그래야지만 프로그램이 지속될 수 있다. 젊은 친구들이 느끼는 중압감은 대단할 것이다. 인생의 모든 것을 걸고 연습에 연습을 거듭해 무대에 오르지만, 마음대로 되지 않는 것이 오디션이기도 하다. 절박한 마음으로 준비하고 무대를 장식하지만, 심사위원들은 독설을 퍼붓는다. 오디션에서 떨어진 친구들은 서러워서 울고, 오디션에 합격한 사람들은 기뻐서 우는 모습을 본다. 가슴이 멍하니 아플 때도, 멋있는 무대에 감동의 눈물을 흘릴 때도 있다.

그중에서도 'K-Pop 스타' 캐스팅에서 있었던 깜짝 반전은 두고두고 뇌리에 남아 있다. 어릴 때부터 노래와 춤으로 유명한 26살 젊은 (?) 심사위원의 한마디가 가슴을 후려쳤다. 패자부활전까지 거쳤음에도 한 장의 카드가 주인을 찾지 못하고 사장될 순간이었다. 아무래도 억지로 뽑는 것보다 캐스팅을 포기하는 것이 더 좋겠다는 심사위원의 판단이었다.

　클로징 멘트가 나가고 제작 스태프들이 무대를 정리하려는 순간, 한 소녀가 손을 들었다. 17살 한 소녀가 무대 뒤에서 손을 들고 무슨 말을 한다. 주눅이 든 얼굴로 심사위원이 든 카드 한 장을 쭈뼛쭈뼛거렸다. "저 카드 때문에, 너무 아쉬울 것 같아서… 노래 한 번 하고… 다시 한 번 생각을…." 더듬거리는 말이었지만, 장내는 순간 정적이 흘렀다. 그렇게 기회를 잡은 소녀는 혼신을 다해 반주도 없이 노래를 불렀다. 노래는 마지막이라는 생각 때문인지 더욱 절박했고 음정과 박자 등은 흐트러졌다. 노래라기보다, 그저 이렇게 물러나기에는 너무 억울하다는 눈물 어린 절규였다.

　심사위원들도 표정이 별로여서 나는 안타까운 마음으로 채널을 돌리려 했다. 그런데 젊은 심사위원이 상황을 역전시켰다. 그 소녀에게 캐스팅카드를 기쁜 마음으로 준 것이다.

　젊은 심사위원은 이렇게 말했다. "모든 사람이 그냥 내려가려는 순간 손들고 나와 노래했다는 게, 그런 정신이 필요한 거예요. 서바이벌이잖아요! 지금 손들고 나온 이 순간을 잊지 마세요. 그런 의미로 6번째 카드를 드리겠습니다." 어찌 보면 그 심사위원의 결정은 오직 실력만으로 평가한다는 서바이벌 취지에 안 맞을지 모른다.

그러나 여긴 아직 아마추어 무대이고, 재능 못지않게 꼭 꿈을 이루고 말겠다는 절박함이 중요하다. 젊은 심사위원은 '보아'였다. 열다섯 어린 나이에 생면부지 일본 땅에서 무서운 집념으로 대스타가 된 그녀다. 일본에서 가장 먼저 외운 한자가 '루涙. 눈물'라고 한다. 그러나 힘들 때마다 주저앉았다면, 26살 나이에 이미 대가의 풍모를 갖춘 그녀를 우리는 볼 수 없었을 것이다.

절박하게 무언가를 찾지 않으면 99도에서 끝난다. 마지막 1도가 젊은 친구들에게는 절박함이다. 꼭 이루어내야 할 과제라면 목숨을 걸만큼 절박하게 원하고 절박하게 덤벼야 한다. 그 절박함 때문에 마지막 캐스팅카드를 받은 소녀는 생방송이 걸린 다음번 무대에서 경쟁자들보다 더 좋은 점수를 얻었다. 그 절박함이 결국 본인이 원하는 생방송 무대에 설 기회를 만든 것이다. 그 소녀가 노래를 최고로 잘하는 가수는 아닐지라도, 그 절박했던 순간을 잊지 않는다면 앞으로 멋진 가수가 될 수 있지 않을까!

필자도 절박함 때문에 발에 동상이 걸린 줄도 모르고 한겨울 추운 사무실에서 14일 만에 노동법 해설서를 만들어낸 경험이 있다. 중학교 중퇴의 학력이 발목을 잡고 있을 때 무언가 돌파구가 필요했는데, 1997년 노동법이 개정된 후 최초로 해설서를 낸다는 목표로 작업을 시작했다.

개정법과 관련한 자료를 구하고, 책을 오려 붙이고, 타이프를 치는 등 혼자 사무실에서 외롭게 책을 편집해 나갔다. 1월의 추운 겨울이라 석유난로를 켰지만, 책상 밑은 냉방 그대로였다. 손을 호호 불어 가면서 날밤을 새워 책 작업을 끝내고 나니 발은 퉁퉁 부어 이미 심한 동상에 걸린 상태였다. 그런데 작업을 하는 동안에는 그 사실을 전혀 몰랐으니 얼마나 절박했으면 그랬겠는가? 다른 사람들이 국회에서 변경된 법조문을 겨우 입수하고 있을 때 내가 쓴 700쪽의 개정법 해설서는 세상에 나올 수 있었고, 가장 먼저 책을 낸 덕분에 중학교 중퇴의 별 볼 일 없는 학력임에도 최고 전문가 소리를 들을 수 있었다.

절박함은 불가능을 가능성으로 바꿀 수 있다. 무슨 일이 잘 안 될 때 과연 나는 얼마나 절박한지 점검해 보기 바란다. 절박함이 클수록 인생이라는 연극의 아름다움을 가슴 깊은 곳에서 느끼게 될 것이다.

사법 시험에 도전하다

남들 앞에 공개하기 부끄러운 사법 시험 도전기를 적어 본다. 소년원을 나서면서 반드시 변호사가 되겠다는 다짐을 한 것이 이제 40년이 넘었다. 그동안 먹고살면서 사법 시험에 합격하기 위해 부단히 투쟁하고 고집부리며 책과 씨름했지만, 아직 그 꿈은 미완성인 채로 남아 있다. 어쩌면 내가 살아있는 동안 이루지 못할 수도 있다.

그러나 이루어지지 않으면 어떠랴! 하고 싶다고 다 할 수는 없는 것도 또한 인생이다. 그렇다고 미리 겁먹고 포기할 이유는 없다. 사법시험에 최선을 다한 덕분에 검정고시를 거쳐 법학박사 학위를 받게 되었으니 전화위복이란 이럴 때 쓰는 말인 듯하다.

학력은 중학교 중퇴밖에 되지 않지만, 나는 평소 틈나는 대로 영어책을 보고 회화 공부도 하면서 나름대로 기초를 쌓아나갔다. 겉으로 드러내지는 않았지만, 막상 사법 시험을 치를 때 도움이 되는 쪽으로 책이며 공부 방향을 잡았다. 공인노무사 시험에 합격할 수 있었던 것도 따지고 보면 사법 시험에 대한 열망이 큰 역할을 했다. 노동법과 경영학을 공부하면서 사법 시험에 대한 적응력을 높이고, 기회가 된다면 사법 시험에 과감히 도전해 한 방에 끝내려는 순진한 생각도 했었다.

그러나 사법 시험은 생각만큼 녹록하지 않았다. 시험 과목도 많고 워낙 경쟁이 심하다 보니 기초가 부족한 나로서는 겨우 문턱까지만 갔다가, 그 문턱을 넘지 못하고 되돌아 나와야만 하는 아쉬운 승부가 지속되었다.

공인노무사 시험에 합격하고 이론 연수와 사무실 수습을 마친 뒤 동료 노무사와 함께 강남에 사무소를 차렸다. 세 사람이 몸을 아끼지 않고 열심히 뛰어다닌 덕분에 빠른 시일 안에 사무실 경비를 빼고도 일정한 수입을 가져갈 만큼 성장했다. 그러나 시간이 더 가기 전에 사법 시험을 마무리해야 한다는 강박관념에 사로잡힌 나는 과감히 사법 시험에 전력투구하기로 마음먹었다.

사무실을 정리하고 1991년 도전 첫해에 아예 신림동으로 거처를 옮겨 젊은 친구들과 경쟁했지만, 영어를 비롯한 기본 실력이 부족해서 형편없는 점수로 불합격의 쓴맛을 봤다.

1992년 도전 두 번째 해에는 아내가 병원에 근무하면서 생활비를 벌었지만, 아파트를 분양받은 직후라서 융자금과 이자 부담 때문에 다시 택시 운전을 하면서 틈틈이 공부했다. 아파트 근처 택시회사에 스페어 기사로 등록하고 시간 나는 대로 나가서 일당을 벌면서 사법 시험을 준비했다. 8과목이라 벅차긴 했지만, 그래도 최선을 다한 결과 합격 문턱까지 접근했는데 이번에는 일본어로 바꾼 것이 결정적 패인이 되어 낙방의 쓰라림을 또 겪어야만 했다. 이렇게 주어진 두 번의 기회를 모두 날려버리고 다시 먹고사는 일에 전념해야 했지만, 아직도 가슴 한구석에는 사법 시험에 대한 환영이 떠나지 않았다.

최고의 공인노무사 소리도 들으며 강의 수입도 꽤 높았던 2003년, 어느 정도 경제적으로도 안정된 것을 기회로 아내를 설득하여 사법 시험에 다시 도전하기로 했다. 아내는 고시병이라며 반대했지만, 당시 내 나이가 마흔다섯 고개를 넘어가고 있었으므로 더 미루면 소년원을 나서면서 했던 다짐이 무산될까 두려웠다. 그 내막을 잘 모르는 아내는 속으로 왜 그렇게 사법 시험에 집착하는지 의아해하면서도 꼭 해보고 싶다는 내 간청을 뿌리치지 못하고 이번이 마지막이라는 단서를 달면서 시험공부에 전념할 수 있는 환경을 만들어 주었다.

다행히 사무소는 후배 노무사가 잘 운영해 주었고 경제적인 부담 없이 공부에만 매달릴 수 있었다. 아들보다 나이가 어린 새까만 후배들(?)과 스터디를 구성하고 학원 진도를 따라가면서 서서히 합격의 가능성을 높였지만, 결과는 낙방이었다. 체력 관리한답시고 호수공원에서 인라인스케이팅을 타고 한강까지 원정을 가는 등 재미있는 수험 생활을 했지만, 사법 시험과 나의 인연은 참으로 멀게 느껴졌다.

2004년 가을, 신림동에서도 안 되고 집에서도 안 되는 것을 핑계 삼아 시골에서 움막을 짓고 공부하고 싶어 강원도 홍천에 땅 500평 정도를 구입했다. 거기에다가 비닐하우스를 짓고 혼자 외로이 한겨울을 나면서 마지막이라는 데드라인을 치고 영하 20도까지 내려가는 혹한 속에서 책과 씨름했다. 그러나 2005년 시험에서도 합격자 명단에 내 이름은 찾을 수 없었다. 그렇게 해서 나의 사법 시험 도전기는 허무하게 끝났다.

현실이 어렵고 힘들다고 해서 꿈과 목표를 낮춰 잡을 필요는 없다. "이룰 수 없는 꿈을 꾸고 싸워 이길 수 없는 적과 싸웠으며, 이룰 수 없는 사랑을 하고 잡을 수 없는 저 별을 잡으려 했다"는 돈키호테처럼 끊임없이 새로운 도전을 할 것이다.

아인슈타인이 남긴 "인생에서 실패를 한 번도 안 해 본 사람은 새로운 시도를 한 번도 해 보지 않은 사람이다.If someone feels that they had never made a mistake in their life, then it means they had never tried a new thing in their life"라는 말을 가슴에 새겨본다.

이렇게 사법 시험엔 합격하지 못했지만, 결과적으로 학사고시를 통해 1년 만에 대학 졸업이라는 학력을 얻고, 그것을 바탕으로 석사 과정과 박사 과정을 연달아 진학하였으니 그리 손해보는 장사는 아니었다. 중·고·대학을 다 다니려면 10년이 걸렸을 텐데, 강의와 컨설팅으로 바쁜 일정을 소화하면서 2년 만에 마칠 수 있었던 것도 따지고 보면 독학으로 사법 시험을 준비한 기본 바탕이 있었기에 가능했다. 사법 시험을 준비할 때 토익 점수 700점이 필요해 벼락치기로 한 공부였지만, 그 점수를 넘겼기에 각종 시험에서 크게 주눅 들지 않았다.

사법 시험을 준비하는 기회가 없었다면 석사와 박사 과정에 감히 도전하지 못했을 것이다. 결국, 사법 시험을 준비한다고 투자한 시간이 헛되지 않았음을 증명한 셈이다. 무엇이든 배우고 익히면 나를 위해서든 세상을 위해서든 써먹을 곳이 나타난다.

21) 도전(Challenge)
 – 실패를 두려워 말고 도전하는 자세를 가져라.

22) 건강(Health)
 – 건강을 위해 소식, 절주, 금연, 긍정적 사고, 규칙적인 운동을 하라.

23) 성장(Growth)
 – 지속적인 성장을 통해 새로운 부가가치를 창출하라.

24) 자립(Self Reliance)
 – 자신만의 브랜드를 키우고 셀프 내비게이터가 돼라.

25) 결과(Outcome)
 – 최고의 결과를 위해 '이기는 마음Winning Mindset'을 길러라.

26) 용기(Courage)
 – 용기를 가지고 모험을 즐겨라.

27) 솔선수범(Initiative)
 – 솔선수범하는 행동가가 돼라.

28) 혁신(Innovation)
 – 새로운 방식으로 혁신을 단행하라.

29) 창조(Creativity)
 – 창조적 지식을 통해 소득을 올려라.

30) 성과(Performance)
 – 성과를 창출하고 성과 지향적 행동을 하라.

4th Wheel
My Talent
(재능)

자신만의 특별한 전문성을 키워라. 10,000번을 연습하면 하늘이 감동한다.

한 분야에서

10년을 투자하면

일가를 이룰 수 있고

20년을 투자하면

대가가 될 수 있으며

30년을 투자하면

입신의 경지에 이르게 된다.

−송복

좋아하는 일에 목숨을 걸어라

자신이 가장 좋아하는 일, 가치 있는 일을 직업으로 선택해야 한다. 단순히 돈벌이만을 위해 일한다면 성공은 비켜간다. 목숨을 걸 만큼 좋아하는 일을 찾았다면 연습하고 또 연습해서, 그 일의 최고 전문가가 되어야 한다. 하기 싫은 일을 억지로 해야 할 만큼 인생이라는 연극은 길지 않다. 좋아하는 일에 열정을 바쳐야 한다.

인생은 짧다. 스티브 잡스도 "여러분도 자신이 사랑하는 일을 찾아내야 합니다. 연인을 사랑하는 것처럼 일도 그렇게 해야 합니다. 일은 여러분 인생에서 많은 부분을 차지하기에, 진심으로 만족하려면 스스로 위대한 일을 한다고 자부해야 합니다. 그리고 위대한 일을

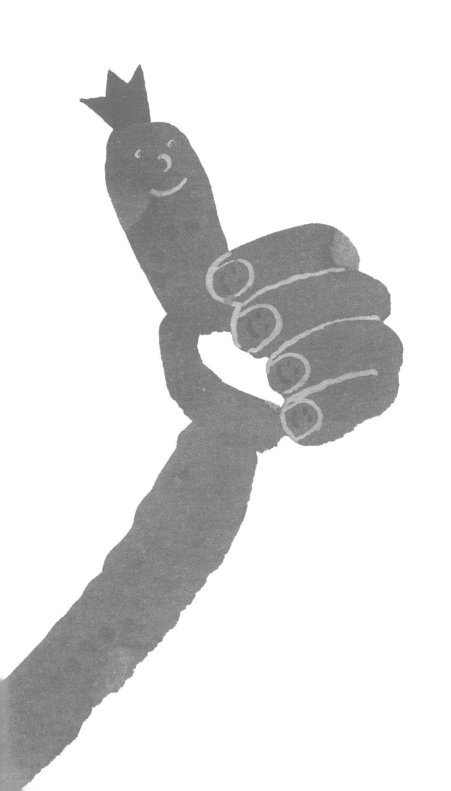

하는 유일한 방법은 여러분이 그 일을 사랑하는 것입니다. 아직도 못 찾았다고요? 계속 찾으세요. 현실에 안주하지 마십시오. 진심을 다한다면, 그것을 찾았을 때 알게 될 겁니다. 그리고 다른 모든 위대한 관계처럼 시간이 더해질수록 점점 좋아질 것입니다. 그러니 앉아 있지 말고 계속 찾으세요."[1]라고 했다.

내 경우도 내가 잘하는 것을 할 때는 신 나고 행복했지만, 돈을 벌기 위해 억지로 한 일은 대부분 실패로 끝난 경험이 있다. 내가 잘하는 것은 책 집필, 강의, 컨설팅과 자문이다. 반대로 내가 못 하는 것은 돈을 버는 일이다. 그중에서도 장사에 관한 것은 거의 젬병에 가깝다. 단순히 돈만 벌기 위해 시작한 엿장수, 고물장사, 과일장사, 포장마차 등 몸으로 때워서 하는 장사는 대부분 얼마 못 가서 그만두거나 밑천만 날리는 참담함을 겪었다. 그 후에도 프랜차이즈 사업으로 시작한 치킨 사업, 붕어빵 체인점, 인터넷 시대에 맞추어 개발한 B2B 서비스업도 결국 시련으로 끝이 났다.

치킨 사업도 아무런 경험 없이 다른 사람 말만 믿고 시작한 것이 화근이었다. 1992년 사법 시험에 연속으로 낙방해 먹고살려면 돈을 벌어야 했다.

---

1)You've got to find what you love. And that is as true for your work as it is for your lovers. Your work is going to fill a large part of your life, and the only way to be truly satisfied is to do what you believe is great work. And the only way to do great work is to love what you do. If you haven't found it yet, keep looking. Don't settle. As with all matters of the heart, you'll know when you find it. And, like any great relationship, it just gets better and better as the years roll on. So keep looking. Don't settle.

가장 빠른 방법인 장사를 해보자는 생각을 갖던 차에 신문에서 대리점 모집 광고를 보고 겁 없이 빚을 내 얻은 거금을 보증금으로 걸고 사업을 시작했다. 냉동창고와 냉동차량을 사고 직원도 뽑고 잔뜩 돈 벌 기대에 부풀었는데 부도라는 날벼락을 맞았다. 보증금도 못 찾고 냉동창고와 냉동차량이 무용지물이 되는 순간이었다. 할 수 없이 창고와 차량은 헐값으로 매각하고, 보증금을 찾기 위해 본사에서 농성도 하고 투쟁도 하는 우여곡절을 겪었다. 당시 전국에서 모인 대리점 사업주들과 연대해서 별도의 치킨 체인점 본사를 세우고 서로 협업을 통해 새로운 사업을 시작했으나, 이 역시도 경험 부족과 구성원들의 동상이몽으로 얼마 못 가 깨지고 말았다.

　당시 치킨회사의 영업부장은 그때 우리가 기획했던 것을 바탕으로 프랜차이즈 사업을 시작해 지금은 가장 큰 체인점 본사를 운영하고 있다. 아이디어는 우리가 냈지만, 사업을 성공시킨 것은 그 사람이라는 게 아이러니다. 사업은 기획과 아이디어만으로 성공하는 것이 아니라 실행이 중요하다는 것을 배웠다.

　그러는 와중에 함께 노무사 공부를 한 후배가 두부, 어묵, 붕어빵을 소매상에 납품하는 사업이 괜찮다고 하도 선전을 하기에 밑져봐야 본전이란 생각으로 뛰어들었다. 두부 공장에서 공장도 가격에 두부를 사고, 부산에 있는 어묵 공장에서 어묵을 공장도 가격으로 사고, 붕어빵 반죽하는 곳에서 반죽을 공장도 가격에 산 후 이 세 가지를 차량에 싣고 골목시장이나 붕어빵 장사, 어묵 장사를 하는 소매상에 납품하고 저녁에 수금하는 식이었다. 이 역시도 새벽부터 저녁까지 부지런히 몸을 움직여야 하는 장사인지라 몸만 고달프고 실질적으로 나오는 성과는 별로 없어 접을 수밖에 없었다.

그리고 노무법인을 하면서 인터넷 발달 속도에 맞춰 인터넷 정보 제공 업체를 후배와 함께 설립하고 운영은 후배에게 맡겼다. 전문가들이 각자 자신의 홈페이지를 구축하는 것은 물론 나아가 매일 정보를 업데이트하는 것 자체가 어려워서 변호사, 노무사, 회계사, 세무사를 상대로 각자의 홈페이지를 만들어 주고, 이를 지속적으로 관리해 주는 아이템이었다.

당시로써는 신선함을 무기로 다른 업체보다 빨리 시장을 선점할 수 있었지만, 기술과 영업력이 뒷받침되지 않아 결국 투자금만 까먹고 말았다. 아직 형식적으로 서비스는 하지만, 인건비를 주고 나면 투자자인 나에게 남는 것은 하나도 없다.

자신이 잘하는 것이 아닌 다른 사람 말만 듣고 하는 것은 필연적으로 망할 수밖에 없다는 것을 많은 돈을 잃고서야 깨달았다. 수업료치고는 엄청나게 비싼 돈을 지불한 셈이다. 역시 공짜 점심은 없는 것이 세상 이치이다. 어떤 일이든 경지에 오르기까지 수없이 많은 시행착오와 수업료가 지불된다. 따라서 잘하는 일, 하고 싶은 일을 하는 것이 실패하지 않는 지름길이다. 월급쟁이로서 직장 생활을 하면 적자가 나더라도 월급은 나오지만, 자영업을 하거나 장사를 하면 적자가 날 때에 돈을 가져가기는커녕 오히려 생돈을 물어내야 하는 경우가 발생한다.

나에게 장사는 넘을 수 없는 거대한 산인 모양이다. 그래서 아무리 사업이 잘 된다고 하더라도 장사는 피할 생각이다. 내가 진정으로 좋아하는 강의, 자문, 컨설팅, 코칭을 통해 내비게이터십을 전 세계로 확산하는 것이 사명이다.

책 읽기와 공부

세상 모든 위대한 지도자들은 한결같이 많은 책을 읽었다고 한다. 지금 하는 일에서 최고가 되려 한다면 책을 가까이 해야 한다. 나는 책을 읽거나 보는 것도 좋아하지만, 책을 사고 책을 모으는 것이 참 좋다. 책장에 책이 가득 꽂혀 있는 그 자체로 기분이 좋아진다. 사 온 책 대부분은 읽어보지만, 어떤 때는 목차만 읽고 책장에 진열할 때도 있다. 솔직히 고백해 읽기 위한 책도 있지만, 폼 잡기 위한 책도 있기 때문이다. 지금까지 책값으로 들어간 돈만 하더라도 집 한 채는 사고도 남을 정도이다. 내가 하고 있는 주 업무가 지식을 바탕으로 하는 고급 정보에 의존하기에 잡지를 비롯하여 새로 나온 서적을 미리 읽지 않으면 시대에 뒤떨어지고 고객과의 관계도 멀어지게 된다.

내가 읽는 책은 인문학에서부터 자연공학까지 다양하다. 그중 최신 경영 흐름을 알 수 있는 경영, 경제 서적을 가장 많이 본다. 물론 법학 관련 서적도 많이 읽는다.

136

최근에는 리더십과 사람, 인문학에 관한 책을 주로 읽었다. 내비게이터십이라는 새로운 리더십 프로그램을 개발하려고 읽은 책만도 200권이 넘는다. 앞으로는 동양철학과 고전을 중심으로 공부해서 한의사에 도전할 생각이다. 나이를 먹어갈수록 더욱더 고전이 그리워진다. 인간 본성에 관한 것은 고전에서 얻는 지혜가 참신하고 의미가 있다는 생각에서다. 내 전공과목인 노동법, 노사관계, 인적자원관리에 있어서도 늘 최신 이론으로 무장하려고 애쓴다.

　책과 공부를 좋아한 덕분에 중·고등학교 검정고시와 대학교 학사고시를 모두 시험만으로 끝낼 수 있었다. 평소 읽은 책만으로도 검정고시에 나오는 문제 대부분을 자연스럽게 풀 수 있었다. 다만, 수학과 과학은 그래도 기출문제를 한번 풀어보고 시험장에 들어갔다.

　결국, 중학교와 고등학교 과정을 이틀만 할애하여 통과한 셈이다. 대학교 역시 학사고시로 끝냈다. 학사고시도 학년별로 이틀 정도 공부하고 시험을 쳤으니 졸업 시험까지 10일이 채 걸리지 않았다. 물론 점수는 낮을 수밖에 없었지만, 업무에 충실하면서 대학교 과정을 마치려면 그렇게 빠듯하게 공부하는 것이 최선의 방책이었다. 학사고시를 마치고 천안에 있는 한국기술대학교 HR대학원에 입학했지만, 거리가 멀고 토요일 새벽부터 밤늦게까지 공부하는 것이 사업과 건강에 지장을 초래했다. 결국, 1학기 만에 포기하고 말았다.

　그 후 고대 노동대학원 법학과 석사 과정에 입학하여 석사 과정을 마쳤다. 그리고 곧바로 고려대학교 일반대학원 박사과정에 진학해서 드디어 2018년 2월에 꿈에 그리던 법학박사학위를 받게 되었다. 적어도 80세까지는 현역으로 활동하기 위하여 그동안 경험하고 공부한 지혜와 지식을 사회에 환원하려 한다. 대학이나 현장에서 강의와 프로그램을 지속적으로 해 나가고, 이 사회에서 소외된 사람들에게 꿈과 희망을 주는 작업을 계속할 생각이다.

내가 하는 마지막 공부는 한의학과 동양철학이 될 것이다. 시, 소설, 수필을 쓰는 데 좋은 자양분이 될 것이라는 기대 때문이다. 현역에서 은퇴한 이후에는 봉사 활동 이외에 어릴 때 해 보고 싶었던 시인과 소설가가 되는 꿈을 실현하려 한다.

글쓰기와 책 집필

청소년기 한때 소설가를 꿈꾸는 친구와 함께 소설에 심취하여 문고본이었지만 매일 소설책 1권을 읽어나간 기억이 있다. 그래서 그런지 글을 쓰고 책을 내는 것은 나의 천직이라는 생각이 든다. 처음 글을 쓴 것은 노동법에 대한 실무적 해설서였고, 일간신문에 상담 사례를 연재하고 여러 권의 책을 내는 동안 차츰 시와 수필에도 관심을 두었다. 아직 시, 소설 등 순수문학에는 근접하지 못했지만, 앞으로 시집과 수필집 그리고 소설집, 기행문집도 내고 싶은 욕심이 있다.

1995년부터 월간지 『노동법률』에 글을 기고하기 시작해 현재까지 계속하고 있으며, 기타 전문잡지에도 판례해설, 노사관계, 리더십, 인적자원관리에 관한 전문 칼럼을 연재하고 있다. 일간지인 한겨레신문에는 매주 상담 사례를 2년간 지속적으로 실어 단일 꼭지로는 꽤 긴 연재 기록을 가지고 있다. 그런 연재물이 바탕이 되어 매년 단행본을 발간했으며, 2018년 현재 25권의 전문 서적이 내 이름으로 세상에 탄생했다. 가장 기억에 남는 것은 아무래도 1996년 날치기로 통과된 노동관계법을 14일 만에 한 권의 단행본으로 낸 사건이다. 매일 2~3시간만 자고 사무실에서 숙식을 해결하면서, 그 추운 겨울 동상에 걸린 것도 모르고 작업에 매달린 결과 다른 사람들은 국회에서 통과된 법안을 받아볼 즈음에 『개정 노동법 해설』이라는 단행본을 출간하는 기록을 세웠다.

이 책은 불행하게도 세상에 나오자마자 폐기될 처지에 놓였다. 정치권이 날치기법을 폐기하고 새로운 법을 제정하기로 합의함에 따라 내 책은 역사의 뒤안길로 사라질 수밖에 없었던 것이다. 그럼에도 서둘러 출간한 덕분에 이 세상에서 날치기법을 증명할 수 있는 유일한 단행본으로 역사에 남았다.

1996년 12월부터 1997년 3월까지 실질적으로 우리나라는 노동법이 없는 초유의 사태를 맞이했지만, 내 책이 폐기된 날치기법의 존재를 증명하여 준다. 개인적으로는 가장 먼저 책을 낸 유명세를 타고 여기저기 강의 요청이 빗발쳐 헬기를 타고 다니며 강의를 했을 정도이니까 소기의 목적은 달성한 셈이다.

1997년 3월 여야 합의로 날치기법을 폐기하고 새로운 노동관계법을 제정하였을 당시, 나는 이미 정리한 내용을 토대로 곧바로『새 노동법 해설』을 발간했다. 새로 제정한 노동관계법을 실무적으로 해설한 이 책은 짧은 기간 5판까지 찍으면서 확실한 베스트셀러로 자리 잡았다. 책의 유명세 덕분에 전국 각지로 강의를 다니느라 목에 성대결절이 생기고 말을 한마디도 못할 지경에 이르렀지만 참으로 행복한 비명이었다. 몸은 고달팠지만 쉴 새 없이 밀려드는 강의 요청에, 책을 통해 기회를 선점한 경제적 효과는 톡톡히 본 것이었다.

그전까지만 해도 별로 알려지지 않았던 내 이름이 현장에 있는 인사 담당자, 노조 간부에게 서서히 퍼져나갔다. 그 후에도『IMF 극복을 위한 노동법과 노사관계』『과로사와 산재보상』『중소기업형 연봉제』『노사혁신프로젝트』『비정규직 인사노무관리』『근로기준법』등 다양한 전문 서적을 출간했다.

강의와 강연

잡지에 글을 꾸준히 연재하고 단행본을 출간하자, 강의 요청이 자연스럽게 늘어났다. 공인노무사 시험을 준비할 때부터 노무사가 되면 강의를 최고로 잘하는 전문가가 되어야겠다고 다짐했었는데, 드디어 나에게도 그 꿈을 펼칠 기회가 온 것이다.

참으로 많은 곳을 다니고 많은 기업을 방문했다. 전문 교육기관에서부터 대기업, 중소기업을 가리지 않고 시간만 맞으면 강의를 요청하는 곳 어디든 무조건 달려갔다. 강의는 내가 잘할 수 있는 몇 안 되는 재주 중 하나였기 때문이다.

처음에는 1시간 강의를 위해 10시간 이상 거울을 보며 연습에 연습을 반복했다. 그렇게 준비했음에도 막상 단상에 올라가면 가슴이 떨려서 제대로 말을 못 한 것은 물론 강의 시간도 제대로 맞추지 못했다. 아무리 준비를 많이 해도 강단에 올라가 많은 사람 앞에만 서면 가슴이 콩닥거리고 눈앞이 노래졌다. 다행히 강의가 많아지면 많아질수록 점점 구력이 붙어서인지 떨리는 일도 줄어들었고 시간도 잘 맞추게 되었다.

그 결과 다른 것은 하지 않고 강의만으로 먹고살 수 있는 경지까지 올라섰다. 강사료를 가장 많이 받는 최고의 강사로 인정받으며, 노사 양쪽 모두의 신뢰를 받았다.

강의는 단순한 이론 전달이 아니라 강사와 수강생 간 소통의 장이다. 특히 노사관계와 노동법은 서로 상대방이 있고, 상대방의 입장을 서로 이해하는 것이 선행되어야 하기에 단순한 법전 암기나 이론 나열은 현장에서 통하지 않는다.

나는 노동조합 활동을 한 소중한 경험을 바탕으로 이론을 적절하게 배분하고, 노사가 서로 상대를 존중하려는 생각을 가져야 한다는 내용의 강의를 했기에 노사 양측의 환영을 받을 수 있었다. 또한, 당시만 하더라도 노동조합 경험이 있는 전문가나 노무사가 많지 않아서 현장의 생생한 얘기가 더욱 통했던 것 같다.

대우조선해양에 강의하러 갔던 것이 가장 기억에 남는다. 1980년대 초 화물차에 전집류 책을 잔뜩 싣고 밤을 새워 거제도로 달려가 조선소에서 책을 펴 놓고 책장사를 했던 내가 15년이 지난 1997년 노동법과 노사관계 강의를 하러 그곳을 방문했으니 감개무량이라는 말은 이럴 때 잘 어울리는 표현이다.

일개 화물차 운전기사에서 최고의 노동법 전문 강사로의 변신을 바라보는 부러운 시선을 강의하러 내려갈 때마다 느낄 수 있었다. 그것도 화물차를 타고 가는 것이 아니라 비행기와 헬기를 이용해서 VIP 대접을 받으면서….

또 하나는 어릴 적에 친구를 따라 돈벌이가 괜찮다는 현대미포조선소에 내려가 견습생 신분으로 사내 하청 공장에서 도장공으로 근무한 경험이 있는데, 그 현대중공업 직원들을 상대로 강의한 기억이 새롭다.

세월이 많이 흘러 견습공에서 초빙강사로 변신한 모습에 다들 신기해했다. 진짜 도장공으로 근무했느냐는 질문에서부터 아무래도 거짓말 같다고 증거를 대라는 협박(?)이 웃음 속에 오간다. 삼성중공업 강의도 좋은 추억이 많다. 부산공항에서 헬기로 이동하면서 바라본 남해는 그야말로 환상 그 자체였으며 아내와 아들을 특별히 초청해서 멋진 여행을 시켜준 추억도 잊지 못한다. 이렇게 대우조선, 현대

중공업, 삼성중공업 등 우리나라를 대표하는 가장 큰 조선소 세 곳을 모두 돌아다니며 강의한 것을 필두로 방방곡곡을 돌아다녔으니 지역구가 아닌 전국구로 명성을 날릴 수 있었다.

컨설턴트 활동

책을 집필하고 강의하는 틈틈이 상담과 자문, 코칭을 한다. 주로 대기업 노사관계와 노동법에 관한 내용이지만 리더십과 라이프코칭에도 가끔 참여한다. 대기업의 큰 프로젝트에 프로젝트 매니저로서 총괄하기도 하고, 다른 프로젝트에 팀원으로 일부 역할을 담당하기도 한다. 기간이 정해진 프로젝트를 하다 보면 밤샘 작업도 해야 하지만, 일 자체가 재미있고 즐겁다. 사람들을 만나고, 그 사람들과 조직의 변화, 개인의 변화 그리고 성과를 내는 기업으로의 변신을 위해 뛰어다니다 보면 삶의 보람을 느낀다.

다른 사람의 어려움을 들어주고 진심으로 그들의 아픔을 이해할 때 나는 내비게이터십 코치로서 인생 제3막을 보람 있고 멋지게 보낼 수 있다고 생각한다. 나의 인생 제1막은 15세 가출한 시점부터 35세 공인노무사에 합격할 때까지 청년기이다. 제2막은 공인노무사로 활동한 시점부터 55세가 된 시점까지 활발한 장년기이다. 제3막은 앞으로 다가올 75세까지 20년이며 '스스로 함께 더 크게 세계로'라는 내비게이터십의 철학을 확산시킬 계획이다. 제4막은 75세 이후로 어차피 덤으로 사는 인생이니까 유유자적하며 마무리할 것이다. 제4막으로 구성된 삶의 긴 여정에서 나는 제1막과 제2막을 지나 이제 제3막의 초입에 서 있다. 제1막과 제2막은 내 삶을 바로 세우기 위해 열심히 노력해 왔고, 이제부터 다른 사람과 함께하는 삶을 위해 내가 가진 지식과 지혜를 나눌 생각이다.

이 책은 그러한 생각을 실천하는 두 번째 작품이며, 앞으로 내비게이터십에 관련한 책과 강의, 집필을 통해 아름다운 세상을 만드는 데 일익을 담당하고 싶다. 많은 사람이 행복하고 성공하는 세상을 꿈꾸고, 그 꿈을 실현하도록 나에게 주어진 자원을 최대한 활용하려 한다.

노무사가 되고, 변호사가 되고, 박사가 되는 것도 따지고 보면 그러한 내 꿈을 든든히 받쳐주는 기둥이 될 것으로 기대하기 때문이다. 내가 하는 자문과 코칭을 통해 세상이 조금씩 밝아지는 모습을 보고 싶다. 그러한 세상을 위해 열심히 공부하고, 책 쓰고, 강의하고, 코칭을 하는 것이 제3막 인생이 될 것이다. 사람들을 향해 두 팔 벌려 외치고 싶다. 다 함께 잘사는 세상을 만들자고!

TV 특강, 명강사로 거듭나다

내비게이터십에 관한 책을 내자, 춘천소년원 서동욱 원장에게서 연락이 왔다. 꼭 소년원에서 특강을 해 달라는 부탁과 함께…. 당연히 기쁜 마음으로 초청에 응했고, 아내와 함께 많은 원생 앞에서 내가 살아온 얘기를 했다. 지금이 힘들었다고 좌절하지 말라고, 나도 그러한 과정을 통해 성장했노라고 진심 어린 조언을 건넸다.

그것이 인연이 되어 법무부에서 만드는 다큐멘터리에 출연하게 되었고, 법무부 장관과 직원들, 검찰 간부와 검사들, 소년원생과 자원봉사자들 앞에서 내가 살아가는 모습이 시사회란 틀을 빌려 검찰청 강당 큰 화면에 비추어지게 되었다. 신문에서 이러한 사실이 보도되자, KBS 〈아침마당〉에서 특강을 요청해 왔다. 꼭 해 보고 싶었던 일이라 그런지 가슴은 떨리고 흥분은 가라앉질 않았다. 더구나 가장 유명하고 잘 알려진 프로그램에서 하는 특강이라니….

'인생역전의 5가지 비결'이라는 제목으로 2011년 8월 방송이 나갔다. 많은 사람이 격려와 축하의 전화를 해 왔다. 어려운 환경을 극복하고 지금 이 자리에 설 수 있었던 것은 꿈 · 도전 · 자존감 · 긍정 · 끈기의 5가지 키워드를 실천한 덕분이라는 것 그리고 아이들에게 재산이 아닌 삶의 향기를 물려주라는 얘기를 했다. 아름다운 유산은 물질적인 부분보다 정신적인 면이 더욱 중요하다는 결론을 내렸다.

큰 꿈을 향해 도전하며, 자존감과 긍정적인 마음가짐을 바탕으로 포기하지 말고 끝까지 하는 끈기가 필요하다. 〈아침마당〉 방송 후 〈명사들의 책읽기〉 등 대담 프로그램과 〈성공특강 디딤돌〉 등의 TV 특강이 이어졌다. 그러한 인연으로 지금은 매주 한 번씩 소상공인을

위한 〈성공예감 Yes I can〉이라는 프로그램에 고정 패널로 출연하기도 했다.

이렇게 하나의 조그만 점들이 연결되어 내가 살아온 얘기가 스토리가 되면서 CEO 특강을 비롯하여 각 기업에서 주최하는 특강도 많아졌다. 종전에는 노사관계와 노동법, HR에 관한 강의가 많았는데, 지금은 인생역전, 성공, 행복, 리더십, 자기 계발 등 내비게이터십에 관한 강의가 점점 늘고 있다.

TV 특강과 사업체, 단체를 위한 강의도 좋지만, 더욱 보람 있는 일은 전국 소년원을 찾아가 '인생 항해의 선장은 바로 나'라는 주제로 원생들에게 강의할 수 있는 기회를 얻은 것이다. 물론 보수를 받지 않고 하는 무료 특강이다. 내가 있던 장소를 찾아가 40년 전 내 모습을 보면서 어린 친구들에게 꿈과 희망을 얘기할 수 있다는 것 자체가 크나큰 행운이다. 지금 이 순간이 힘들고 어려워도 잘 참고 희망을 찾다 보면 어느새 멋진 인생을 살고 있는 자신을 발견할 수 있다고 손을 잡아준다. 이 앞에 서 있는 아저씨도 40년 전에는 여러분과 똑같은 모습으로 힘든 나날을 보냈다고 용기를 준다. 그리고 내 인생은 누구도 대신 살아주지 않으니 스스로 인생 항해를 시작하라고 충고하기도 한다. 먼 훗날 아름다운 인생을 살았노라고 외치려면 지금 현재에 충실하라는 조언도 빼놓지 않는다.

이러한 활동이 신문 한 페이지를 장식하기도 했다. 『Korea Times』에서 대덕소년원 특강을 취재하여 한 면을 할애하며 내 얘기를 다룬 것이다. 'Dreams will navigate your life'라는 큰 제목 아래 큰 꿈을 가지고 꾸준히 노력하다 보면 행복과 성공이 찾아온다는 강의 내용을 자세히 소개했다.

골드칼라와 다이아몬드칼라

예나 지금이나 못 배우고 가난한 사람이 살아가는 방법은 단순하다. 육체 노동이나 길거리 장사, 유흥업소 등 사회에서 소외당하고 험한 일을 하는 것이다. 직업에 귀하고 천하고가 없다는 말을 한다. 그러나 내가 살아온 현실은 분명 직업의 귀천과 분배상의 불평등이 존재했다. 다만, 그것이 봉건 시대처럼 태어나면서부터 정해지는 귀천이 아니라 본인의 노력에 따라 어느 정도 변화가 가능하다는 차이만 있을 뿐이다.

옛 어른들은 '직업에 귀천은 없다'는 말을 하였지만, 그것은 자신들의 비참함을 합리화시키는 변명일 뿐이다. 어떤 일을 하느냐에 따라 사회적인 격차는 실로 엄청나다. 똑같이 대학을 졸업한 동기생이라 하더라도 연봉 수억 원을 받는 사람이 있는가 하면, 최저 임금 수준에서 허덕이는 사람도 있다. 그리고 이러한 결정을 내리는 기준 속에 재능과 매력이라는 것이 존재한다.

열심히 사는 것도 중요하지만, 오늘날의 현실은 아이디어와 창의력으로 무장한 '골드칼라Gold collar' '다이아몬드칼라Diamond collar'가 인정받는 사회이다. 고도의 창조력과 두뇌를 가진 창조적 소수가 주요 사회 계층이 되는 '뇌업腦業' 사회, 다시 말해 모바일기기를 들고 다니며 뛰어난 창의력으로 넘쳐흐르는 아이디어를 시시각각 쏟아내는 '골드칼라' 또는 '다이아몬드칼라'가 인정받는 시대가 된 것이다. 이들은 21세기에 이 사회를 이끌어 갈 주역 계층이다.

사회 변화 흐름에 따라 노동력의 주체 세력은 농업 혁명 시대의 그린칼라Green collar에서 산업 혁명 시대의 블루칼라Blue collar와 화이트칼라White collar를 걸쳐 정보 혁명 시대의 골드칼라와 다이아몬드칼라로 조금씩 진보해 왔다.

농사를 짓던 시절에는 농부들이 노동력의 대부분이었다. 이들은 주로 힘쓰는 근력 노동에 종사했으며 녹색이라는 의미의 그린칼라로 표현되었다. 하지만 이러한 노동력은 17세기 산업 혁명 이후 대부분 공장에 투입되었고, 그들은 청바지로 대표되는 파란색 작업복을 입었기 때문에 블루칼라로 불리게 되었다. 근력 노동에 종사하거나 사용자의 지시·감독 아래 시키는 일만 하면 되는 사람들이었다. 1950년대 이후 서비스업이 발달하면서 블루칼라와 대비되는 화이트칼라가 등장했다. 하지만 그들 역시 하얀 와이셔츠에 넥타이를 맨다는 것이 블루칼라와 다를 뿐 윗사람이 시키는 일만 하는 비자주적인 노동에 종사하기는 마찬가지였다.

그러나 1990년대를 지나면서 노동자의 질은 급격히 변하여 갔다.

블루칼라도 아니면서 그렇다고 화이트칼라도 아닌 골드칼라, 다이아몬드칼라에 해당하는 부류가 탄생했다. 이들은 남이 시키는 일만 하는 수동적인 존재가 아니라 스스로 본인의 자주적인 의사 결정에 따라 일한다. 엔지니어, 마케팅 전문가, 변호사, 소프트웨어 개발자, 과학자, 저널리스트 등 컴퓨터를 중심으로 하는 정보 통신 업계에 종사하거나 경영 컨설턴트 등 자율성을 가지고 일하는 사람 등이 여기에 속한다. 자신의 주요 자산이 근육이 아니라 아이디어와 지식에 있는 골드칼라와 다이아몬드칼라는 21세기를 대표하는 노동자상이다.

경쟁이 치열한 세계 시장에서 기업의 흥망을 가름하는 생산력 엔진에 불을 지피는 것 또한 숙련된 기술과 창조적인 재능을 가진 이런 노동자들의 머리에서 나오는 새로운 아이디어이다.

초등학교 교과서에 실렸던 〈개미와 베짱이〉 이야기를 보면 부지런한 개미는 여름 내내 열심히 일하여 겨울을 따뜻하게 보내고, 게으른 베짱이는 놀기만 하다 얻어먹는 신세로 전락한다. 과거에는 이처럼 '근면은 부유, 나태는 빈곤'이라는 공식이 통하는 시기였다.

그러나 오늘날은 몸을 많이 움직이는 근력 노동으로는 먹고살기 힘들고, 오히려 아이디어와 창의력이 돈과 명예를 가져다주는 두뇌 노동의 세상이 되었다. 따라서 개미와 베짱이 이야기도 스토리가 정반대로 바뀐다. 열심히 일한 개미는 디스크에 걸려 굶어 죽을 처지가 되고, 베짱이는 음반이 잘 나가 인세로 돈도 많이 벌고 즐기면서 세상을 살아간다는 반전이다. 앞으로의 세계에서는 부지런함만으로는 부자가 되기 어렵다. 게으른 것처럼 보여도 재능과 창의력이 있는 사람이 돈을 많이 버는 세상이 된 것이다. 그러나 재능과 창의력이 없어도 성실하게 세상을 사는 개미 같은 사람이 더 큰 행복을 느낄 수 있다는 사실도 잊지 말아야 한다.

나는 태어날 때부터 그린칼라였다. 소꼴을 베고, 담배를 키우며, 밭을 가는 일이 평생 내가 해야 할 일이라고 생각했다. 그러다가 중학교를 중퇴하고 공장 생활을 할 때부터 택시 운전을 하던 30대 초반까지 블루칼라로 일했다. 그러다 공인노무사로서 개업한 뒤 처음 몇 년간은 화이트칼라를 거쳤으며 컨설팅 업무와 대기업의 자문 노무사, 강의 활동을 주로 하는 지금은 골드칼라 또는 다이아몬드칼라로 변해가고 있다. 세상의 흐름에 따라 내 역할이나 하는 일도 거기에 맞게 스스로 바꾸는 과정을 거친 것이다.

31) 재능(Talent)
  − 자신만의 특별한 재능을 찾아 유일무이한 존재가 돼라.

32) 재정(Finance)
  − 나와 가족을 위한 풍족한 부를 확보하라.

33) 지혜(Wisdom)
  − 지혜롭게 행동하라.

34) 독서(Reading)
  − 매년 50권 이상의 책을 읽고 트렌드를 파악하라.

35) 몰입(Flow)
  − 공부하고 일하는 데 몰입하라.

36) 디지로그(Digilog)
  − 아날로그와 디지털을 혼합하라.

37) 전문성(Multi Expertise)
  − 전문성을 가지고 자신의 브랜드를 키워라.

38) 문화(Culture)
  − 대한민국과 다른 나라의 독특한 문화를 경험하라.

39) 글로컬(Glocal)
  − 글로벌과 대한민국을 통합하라.

40) 역량(Competency)
  − 핵심 역량을 개발하라.

My Activity
(행동)

즉시 행동으로 옮기고 실행에 집중하라.
머리로 생각하고 가슴으로 느끼며 손발로 움직여라.

앞으로 20년 후에 당신은
저지른 일보다 저지르지 않은 일에
더 실망하게 될 것이다.

그러니 밧줄을 풀고 안전한 항구를 벗어나
항해를 시작하라
돛에 무역풍을 가득 담고
탐험하고, 꿈꾸며, 발견하라.

—마크 트웨인

5th Wheel
My Activity
(행동)

움직여라!

초등학교 1학년 때 선생님이 가정통신문에 적으신 나에 대한 평가는 '우두커니 책상만 지키고 앉아 있습니다.'였다. 집안에서도 내 별명이 '미련곰탱이'였으니 얼마나 내성적인 성격의 소유자였는지 짐작하게 한다. 중학교 3학년 1학기를 다닐 때까지 근 10여년 동안 자발적으로 손들고 선생님께 질문한 기억이 단 한 번도 없다. 선생님이 시키면 마지못해 일어나 얼굴을 붉히며 기어가는 소리로 대답한 게 다였다. 이렇게 내성적이고 소극적인 성격은 사회생활을 하면서도 크게 변하지 않았다. 신중하다는 평가는 받았지만, 실속은 하나도 없었다.

157

내성적인 성격을 조금이라도 고친 것은 화장품 외판과 행상 등 장사를 하면서부터인데, 그 장사 역시 성공하지 못한 것을 보면 타고난 천성은 어쩔 수 없는 모양이다. 조상 대대로 내려온 천성을 내가 한꺼번에 바꿀 수는 없지만, 그래도 먹고사는 문제에서는 좀 더 과감하게 저지르는 용기가 생겼다. 마음이 약해서 어떤 일을 할 때는 수십 번도 더 생각에 생각을 거듭하지만, 일단 해야겠다는 판단이 서면 바로 행동으로 옮기기로 마음먹었다. 이 역시 화장품 외판을 시작한 것이 도움이 됐다.

화장품을 팔려면 누군가에게 화장품 장사라고 떠벌려야 하는데 숫기가 없어서인지 일주일 내내 자전거에 화장품만 싣고 이리저리 쏘다녔을 뿐이다. 누구도 내 존재에 관심이 없었고 물어보지도 않았다.

마음 같아서는 지나가는 아주머니를 붙잡고 혹시 화장품 필요하지 않으냐고 물어보고 싶은데 막상 그 말은 입속에서 맴돌 뿐 소리로 내뱉지를 못했다. 화장품 사라고 가정집 벨을 누를 용기는 더더욱 없었다. 이러구러 일주일이 지나가는 동안 화장품을 단 1개도 팔지 못했다. 화장품 가방 한 번 열어 보지 못한 채 때려치울 생각을 하니 나 자신이 참으로 한심하기 짝이 없었다.

그런데 함께 화장품 장사를 하는 사람 중에 나보다 잘 생기지도 않았고, 나보다 키도 크지 않음에도 화장품을 아주 잘 파는 이가 있었다. 어떻게 하는지 따라가 보니, 그 사람은 자기가 맡은 구역을 샅샅이 돌아다니면서 "화장품 사세요! 화장품 사세요!"를 온종일 외치고 다녔다. 그 소리를 들은 아주머니들이 그 사람을 불러 세우기도 하고, 지나가는 아가씨가 하나씩 팔아주기도 하면서 그 사람은 대리점 내에서 판매왕이 된 것이다. 나도 그 사람처럼 "화장품 사세요!"를 외치고 다녀야겠다고 마음먹었지만, 막상 하려니 목소리는 기어들어가고 혼자 입술만 달싹이는 꼴이 되어 버렸다. '우두커니 책상만 지키고 앉아 있습니다'라는 초등학교 가정통신문이 나이 먹어 시작한 화장품 장사에도 그대로 적용되고 있었다.

그러다 시간이 흘러 마지막으로 하나라도 팔고 화장품 장사를 때려치우자는 '깡생깡사'로 초인종을 누르고 "화장품 사세요!"를 외치고 다닌 것이 내성적인 성격을 조금이나마 적극적이고 활발한 성격으로 바꾸게 한 계기가 되었다. 그렇게 내성적인 성격의 소유자가 지금은 수백 명, 수천 명 앞에 서서 몇 시간씩 강연을 하니 참으로 많이도 변했다.

그저 알아주기만을 바라서는 얻어지는 것이 없다. 필요하면 과감하게 요구하고 달라고 해야 한다. 우는 아이 떡 하나 더 준다는 말에서 보듯이, 배가 고파도 울지 않는 아이를 다른 사람들은 배가 부른 것으로 착각한다. 필요하면 과감하게 청구해야 하는 것이 인생길이다. 속으로 수천 번 외치는 것보다 말 한마디가 더 효과적이다.

저질러라!

사람이 살아가는 일은 어느 구름에 비 올지 아무도 모르는 것과 마찬가지로, 단 하나의 정답만 있는 것은 아니다. 그런데 필요한 것이 있으면 스스로 해결하거나 아니면 누군가에게 부탁을 잘해야 한다. 요구하지 않으면 해결 방안도 나오지 않는다.

신혼 초기에 이것저것 시도해 본 떠돌이 장사에 죄다 실패하고, 그래도 택시 운전을 하면 먹고사는 것은 해결하겠다 싶어 뚝섬에 있는 큰 택시회사를 찾아갔다. 이력서를 손에 쥐고 택시 운전을 하고 싶다는 의사를 나타내자, 면허증을 딴 지 2년이 채 되지 않아 법적으로 채용이 어렵다고 한다. 포기하지 않고 다음 날도, 그 다음 날도 찾아갔다. 젖먹이 어린애가 있으니 제발 일하게 해 달라고 통사정을 했다. 하도 여러 번 찾아가니까, 그러면 2년이 되는 날 아무런 조건 없이 일하게 해 줄 테니 그때 오라고 한다. 아무리 자기가 채용하고 싶어도 법적으로 면허증을 딴 지 2년이 안 되는 사람은 택시 기사로서 채용 결격 사유이기 때문에 어쩔 수 없다고 한다.

궁하면 통한다고 '한시 택시' 한 대를 갖고 계신 고모부께 부탁을 했더니 길을 찾아주셨다. 한시 택시 차주가 보증하고, 이미 취업한 것으로 서류를 만들면 2년이 안 된 경우라도 택시 운전이 가능한 취업 카드를 만들 수 있었기 때문이다. 고모부의 큰 도움으로 한시 택시에 운전기사로 취직하였고, 그 덕분에 밥을 굶는 상황은 면했다. 택시회사를 찾아가고 고모부께 부탁하지 않았다면, 지금 나는 어떻게 되었을까? 필요한 것이 있으면 도움을 받을 수 있는 사람에게 가서 부탁해야 한다. 택시 운전을 통해 생활이 안정되고, 이를 바탕으로 공인노무사 시험을 준비할 수 있었기에 나에게 부탁의 의미는 더욱 크다.

저지르는 것과 관련해서 재능교육의 양병무 대표와의 인연을 빼놓을 수 없다. 공인노무사로 개업은 했지만, 경영계에 아는 사람이 별로 없던 터라 당시 경총 노동경제연구원에 부원장으로 계신 양 박사를 찾아갔다. 안면이 있던 것은 아니지만, 인사도 드릴 겸 소개를 부탁하기 위해서였다.

이런저런 얘기 끝에 중학교를 졸업하지 못하고 독학으로 공인노무사가 된 얘기도 자연스럽게 나왔다. 그러자 양 박사가 대단한 일이라며 일간지 기자에게 나를 소개해 주어 인물란에 박스 기사로 소개되는 영광을 얻었다. 신문에 기사가 나가자 KBS TV에서도 관심을 보이며 내 프로그램을 만들자는 제안을 해 왔다. 그래서 출연한 것이 〈한밤에 만난 사람〉이라는 대담 프로그램이었다. 양 박사에게 부탁한 것이 기회가 되어 내가 살아온 얘기가 신문 기사로 활자화되고, 그것이 다시 인연이 되어 TV 프로그램에서 방영까지 된 것이다. 양 박사에게 부탁하지 않았다면, 그런 기회조차 얻기 어려웠을 텐데 부탁의 힘은 꽤 큰 반응을 불러왔다.

TV 출연의 힘

노사관계와 노동법에 대한 강의가 많아지면서 방송 3사인 KBS, MBC, SBS와 자문계약을 맺거나 강의를 통해 활동 범위를 넓혀 갔다.

당시 MBC의 이긍희 편성본부장은 나에게 강의를 들었기 때문에 깍듯이 선생으로 대접해 주며 교양제작부에 나를 소개해서 별도의 다큐멘터리 프로그램을 제작하도록 지원했다. IMF 사태를 맞아지치고 힘든 사람들에게 희망을 주려는 취지로 제작한 〈프로시대 알짜인생〉에서 내가 살아가는 모습을 25분짜리로 찍었다. '나의 하루는 86,400초'로 방송을 본 많은 사람이 격려와 관심을 보내 주었다. KBS에서는 〈한밤에 만난 사람〉이라는 프로그램에 출연하여 대담을 통해 중학교 중퇴의 학력에도 활발히 활동하는 얘기를 했다.

어릴 적 우두커니 책상만 지키고 앉아 있던 모습과 최고의 공인노무사로서 전국에 있는 산업 현장을 다 누비고 다니는 모습이 머릿속에서 확실히 교차되면서 나는 스스로 최고라는 자부심을 품도록 더욱 열심히 노력했다. 강의안도 내가 만족할 때까지 다듬고 또 다듬었으며 글을 하나 쓰더라도 오류를 줄이기 위해 최선을 다했다. TV 방송 이후 강의 요청은 더 많아졌으며 『한겨레』 신문에도 매주 노동 상담 사례를 연재하게 되었다. 현장에서 벌어지는 궁금증을 질문과 답변 형태로 정리한 것인데, 인기가 있어서인지 2년 동안이나 꾸준하게 실렸다. 신문에 실린 상담 사례는 다시 라디오에서 방송되었는데, 내가 직접 라디오에 출연하거나 전화로 진행자와 질의 응답하는 형

식으로 재가공되었다. 작은 부탁에서 시작된 TV 출연이 강의로 연결된 것은 물론, 신문에 상담 사례를 연재하고 또 다시 라디오 전파를 타는 선순환의 고리가 나를 노동판에서 가장 잘나가는 노무사로 인정받는 기회를 만들어 주었다.

그리고 또 하나는 노동연구원의 노사관계고위지도자 과정 선배인 김흥재 박사와의 인연이다. 노고지산악회를 만들어 매월 선후배끼리 등산 모임을 열었는데, 이러한 활동을 『한국경제』 신문에 기고한 것은 물론 한국경제TV 〈직업의 세계〉라는 코너에 나의 활동상을 다큐멘터리로 제작, 방영하도록 후원하여 주었다. TV 출연은 중학교 중퇴의 별로 볼 일 없던 구건서를 자천타천 대한민국 최고의 공인노무사로 탈바꿈시켰다.

인생은 '청구권'이다

사람은 누구나 원하는 것이 있으면 누구한테든 요구해야 하고, 요구하지 않는데 그냥 주어지는 경우는 아주 드물다. 내 경험을 얘기해 보면, 이 사실은 더욱 명확히 증명된다. 2000년 법률 전문 사이트 '로앤비'http://www.lawnb.com가 서비스를 개시할 때, 나는 당시 설립자이자 대표이사인 이해완 변호사(현재 성균관대학교 교수)에게 직접 메일을 보내 노동법은 내가 최고 전문가이니 자문위원에 포함시켜 달라고 부탁했다. 이해완 변호사는 당연하다면서 자문위원 위촉장을 주었고, 노동법에 대한 문제는 다른 변호사보다 나에게 우선 기회를 주곤 했다. 신라호텔에서 열린 자문위원 위촉 행사에서도 변호사와 법학 교수로 가득한 공간에서 공인노무사는 유일하게 나 혼자 자리를 지켰다. 내가 아무리 최고 전문가라고 하더라도 다른 사람이 이를 알지 못한다면 스스로 나를 홍보하고 알리는 방법을 개발해야 한다. 세상은 혼자 사는 곳이 아니며 각자가 가진 재능을 알아서 발휘해야 하기 때문이다.

10년이 지난 지금도 로앤비에서 법률 관련 전문 자격증 과정을 운영하는데 다른 과정은 변호사들이 강의하지만, 노동법만큼은 처음부터 내가 쭉 강의를 맡고 있다. 만약 내가 이 변호사에게 메일을 보내지 않았다면 그러한 기회는 다른 변호사에게 주어졌을 것이고, 나는 10년 넘게 강의를 진행하지 못했을 것이다.

작지만 필요한 때에 적절하게 부탁하는 것도 세상을 살아가는 지혜이다. 속에 감추고, 이를 표현하지 않는데 다른 사람이 내 속마음을 알 리 없다. 상대방을 서로 알지 못하기에 오해도 생기고 쓸데없는 갈등도 커질 수 있다. 확실하게 자신의 처지를 밝히고 당당하게 요구하는 것도 중요한 처세술이다.

이러한 것은 내가 책을 내거나 잡지에 글을 쓰는 과정에서도 나타난다. 우리나라에서 가장 많은 부수를 발행하는 잡지는 식당일 하는 사람들의 모임인 한국음식업중앙회가 발행하는 『뚝배기』라는 월간지이다. 약 30만 부를 발간하는데, 홍보 효과가 크겠다는 판단이 들어

『뚝배기』에 글을 연재하고 싶다고 중앙경제 김 회장님께 소개를 부탁했다. 그때 만난 분이 허홍구 시인인데 당시 홍보국장을 맡고 있었다. 이런저런 얘기를 나누다 내가 잡지에 노무 관리 사례를 연재하고 싶은데 가능하냐는 얘기를 꺼내자, 좋은 생각이라며 흔쾌히 승낙하며 매월 연재하도록 배려하여 주었다.

생각을 마음속으로만 가지지 않고 과감하게 요구하였기 때문에 가장 많은 부수를 자랑하는 매체에 내 글을 실을 수 있었다. 이렇듯 사람이 살아가는 지혜는 원하는 것이 있으면 청구해야 한다는 것이다.

성경에도 '구하라! 그리하면 주실 것이요, 두드려라! 그리하면 열릴 것이다'라는 말씀이 있다. 원하지 않는데 그냥 하늘에서 뚝 떨어지지는 법은 없다. 마찬가지로 두드리지 않는데 문이 저 혼자 열릴 까닭은 없다. 그렇다면 우리는 구하고, 두드리고, 찾아야 한다. 길거리에서 택시를 잡으려면 크게 소리치면서 손을 들어야 택시가 내 앞으로 온다. 속으로 아무리 택시를 불러 봐도 지나가는 택시 기사가 내 속마음을 알아차릴 리 없다.

원하는 것은 반드시 어떤 형태로든 의사 표시를 해야 한다. 내심의 의사가 아닌 표현된 의사가 사회생활에서는 가장 중요하다. 민법의 명제 중에 '물권은 채권에 우선한다'라는 말이 있다. 소유권을 비롯한 물권은 청구권을 비롯한 채권에 비해 우선하는 효력을 가진다는 표현이다. 이를 '물권 우선의 법칙'이라고 한다.

인생은 자동으로 주어지는 물권이 아니라 요구해야 나에게 다가오는 청구권과 비슷한 면을 가지고 있다. 따라서 공짜로 얻기를 바라지 말고 당당하게 요구하고 당당하게 대가를 지불하는 것이 삶의 지혜이다. 다른 사람에게 부탁하는 것을 두려워하지 말라. 사람은 남을 위해 어떤 부탁을 들어줄 때, 그 사람을 더 좋아하게 된다는 '플랭클린 효과'라는 연구 결과도 있다. 다만, 너무 힘들거나 무리한 부탁을 하면 상대방이 불평하거나 심지어 거절할 수도 있으므로 주의해야 한다.

두드리면 열린다

『오르지 못할 나무는 엘리베이터를 타라』라는 책에서 나는 앞으로 '하고 싶은 일 100가지'를 나열했다. 2000년의 밀레니엄을 기념하여 적어 본 것인데, 지금 시점에서 점검해 보니 약 30가지를 이미 이루었다. 그중 대표적인 것이 검정고시, 학사고시를 거쳐 석사, 박사가 되자는 것이었는데, 현재 박사 과정을 밟고 있으니 환갑 전에 박사 학위를 따겠다는 조그만 소망이 곧 이루어질 예정이다. 그리고 중앙노동위원회 공익위원도 하고 싶은 일 100가지에 포함된 것이었다. 중앙노동위원회 공익위원은 노동으로 밥을 먹고사는 사람들이 비상임으로 할 수 있는 일 중 가장 괜찮은 자리이다. 그만큼 보람도 있고 사회적인 평가도 높다. 내가 공인노무사에 합격한 1989년에 공인노무사는 지방노동위원회나 중앙노동위원회의 공익위원에 위촉될 수 있는 자격 자체가 허락되지 않았다.

세월이 흘러 위촉 자격이 '10년 이상 공인노무사로 활동한 사람에게'로 바뀌었으나, 현실은 자격시험을 통해 공인노무사가 된 사람 중 공익위원으로 위촉된 경우는 전무했다.

2007년으로 기억한다. 중앙노동위원회 공익위원이 되기 위해 노동부와 중앙노동위원회에 꾸준히 문을 두드렸으나, 노력해 보겠다는 말만 있을 뿐 진전된 것이 없었다. 방향을 바꾸어 당시 노동계에서 존경받던 박인상 전 노총위원장을 찾아가 공익위원으로 활동할 방법을 찾아 달라고 부탁했다. 박 전 위원장과는 출판기념회에서 축사해 주는 등 개인적 친분도 있고, 현직에 있을 때부터 자주 찾았기에 편하게 얘기할 수 있었다. 그리고 매스컴에서 차기 중노위 위원장 후보로도 거론되었던 터라 미리 선수를 친 것이다. 박 전 위원장은 자신은 나이도 있고 이미 전직이기 때문에 힘이 없으니 오히려 한국노총 이용득 위원장에게 부탁해 보라는 조언하여 주었다. 이 위원장과도 금융노조위원장 때부터 자문노무사로서 업무적, 개인적으로 친분이 있었기에 내가 하고 싶은 일 100가지 꿈을 얘기하며 공익위원이 되도록 추천을 부탁했다.

박 전 위원장과 이 위원장이 정치적으로 힘써 주고, 백헌기 사무총장이 실무적인 부분을 조직적으로 진행하면서 여러 산별 연맹위원장들의 지원에 힘입어 2008년 공익위원으로 추천받았다. 청와대 인사 검증 절차도 무사히 끝나 시험 출신 공인노무사로는 최초로 중앙

168

노동위원회 공익위원으로서 대통령에게 위촉장을 받았다. 나로서는
인생 최고의 순간이고 가문의 영광이었다.

택시회사에서 노동조합을 하면서 흘린 눈물과 공인노무사 시험을
준비하면서 흘린 땀 그리고 20여 년의 공인노무사 활동이 바탕이 되
어 꿈에 그리던 중앙노동위원회 공익위원이 된 것이다.

어떤 사람은 그까짓 공익위원이 뭐 그리 대수냐고, 호들갑을 떤다
고 핀잔할 수도 있다. 그러나 중학교 중퇴의 학력만으로 지연이나 학
벌 없이 중앙노동위원회 공익위원이 된 것은 그야말로 오르지 못할
나무를 쳐다보기만 한 게 아니라 사다리를 놓고 올라간 것에 비유할
수 있다.

무엇이든 최초로 길을 내는 데는 큰 용기와 엄청난 힘이 필요하다.
하고 싶은 일 100가지 중 하나라는 것보다 내가 가장 하고 싶은 가치
있는 일이었고, 또 하나의 소중한 꿈을 이루었다는 사실이 중요하다.

일단 해보라

행동하지 않으면 아무런 결과도 나오지 않는다. 나이키 사는 '시
도하라Just Do It'라는 광고 문구를 바탕으로 브랜드를 구축했다. 이
강렬한 문구는 시작의 문제를 부각시킨다. 첫걸음 떼기가 가장 힘든

법이다. 고 정주영 현대그룹 회장은 "해 봤어?"라는 말을 입에 달고 살았다.

빌 게이츠는 대학을 다니다가 중간에 그만두고 차고에다 회사를 차렸다. 비관하거나 우물쭈물하면 기회의 여신은 등을 돌린다. 인생은 언제나 행동하는 편이 낫다. 혼돈의 시대일수록 자신감을 갖고 삶의 주도권을 확고히 해야 한다. 분명한 목적을 가지고 꿈을 향해 단호하게 전진해야 한다. 목표 지향적인 사람이라고 모두 성공하는 것은 아니지만, 성공하는 사람들은 대부분 목표 지향적이다.

인생이란 경주에서 앞으로 나가거나 뒤로 처지는 것은 자신의 몫이고 책임이다. 찾으려면 구해야 한다. 두드려야 열린다. 긍정적인 태도로 삶을 받아들이는 자세가 중요하다.

홀로코스트(유대인 대학살) 생존자인 정신분석학자 빅터 프랭클은 살아남은 포로와 그렇지 않은 포로의 차이점은 단 한 가지라고 강조한다. 살아야 할 분명한 이유를 아는 사람은 거의 모든 상황에서 견뎌낼 수 있다.

현대는 '한 권의 꿈'도 중요하지만, 그 꿈의 크기보다 훨씬 더 큰 '다섯 수레의 실행'이 강조되는 시대이다. 머릿속으로 생각하는 것과 몸으로 행동하는 것이 일치되어야 한다. 한 연구 결과에 따르면 개인의 성격이 성과에 미치는 영향은 10% 미만으로, 성격 같은 개인적 특성이 성과에 미치는 영향은 매우 제한적이라고 한다. 성과를 이끌

어내는 것은 다름 아닌 '행동'이다. 성과를 결정하는 것은 '누구인가'가 아니라 '무엇을 하는가'이다. 다시 말해, 개인의 성격이 아닌 행동에 달려 있다.

행동은 자신의 의지로 통제할 수 있다. 이는 결국 성과 역시 스스로 통제할 수 있음을 의미한다. 반면에 성격은 바꾸기 힘들다. 그럼에도 많은 사람이 성공의 요인이나 비결을 성공한 사람의 성격에서 찾는 이유는 힘들게 일하지 않고도 성공을 바라기 때문이다.

스티븐 코비는 "성공 요인을 성격에서 찾는 것이 각광받는 이유는, 그것이 자신에게 성공한 사람들의 특징이 있다는 것을 믿게 만드는 매우 빠르고도 쉬운 방법이기 때문이다. 하지만 여기에는 성공을 위해 당연히 필요한 노력이나 성장의 과정이 빠져 있다."라고 했다.

말만 잘하는 사람이 되어서는 안 된다. 추상적이고 원론적인 말보다 명쾌한 행동을 보여줘야 한다. 지금은 말이 아닌 행동과 결단이 필요하다. 위대한 성공자일수록 뛰어난 결단력과 실행력을 갖추고 있다. 미국의 성공 철학자인 지그 지글러는 "행동하는 사람 2%가 행동하지 않는 사람 98%를 지배한다."라고 했다. 폴 마이어는 "생각하고 말만 하는 사람이 97%, 행동하는 사람이 3%이다."라고 했다. 따라서 밴스 하브너 박사의 말과 같이 "계단을 바라보는 것으로는 충분치 않다. 계단을 올라가야" 한다. 첫 계단이 보이면 올라가자. 행동이 뒤따르지 않는 꿈은 몽상에 불과하다. 지금 서 있는 그곳에서부터 지금 당장 행동하라.

세상살이에 완벽한 사전 준비란 없다. 어느 정도 준비가 되면 바로 일에 착수해야 한다. 일의 절차란 스케줄 관리, 즉 일의 우선순위를 정하는 것이다. 자신의 일을 끝내고 나서 남을 도와야 한다. 우리는 영원히 살 수 없으므로 원하는 일이 있다면 지금 당장 시작해야 한다. 후회하는 삶보다 일단 시작하고 해결하는 방식이 더 효과적이다. 왜냐하면, 지금 이 순간은 다시 돌아오지 않기 때문이다. 상대를 배려하는 마음도 행동으로 옮겨야 전달된다.

어떤 식물이건 씨앗에서 싹이 난다. 씨앗 없이는 이 세상에 태어날 수 없는 것과 마찬가지로 우리의 행동도 '생각'이라는 눈에 보이지 않는 씨앗에서 생겨난다. 만약 생각의 씨앗이 없다면 어떠한 행동도 나타나지 않을 것이다. 의식적인 행동이건 무의식적인 행동이건 모두 생각에서 비롯된다는 의미이다.

시간을 허비하지 마라

모든 사람은 하루 86,400초를 살아간다. 부자이거나 가난한 사람이거나 가리지 않고 매일 86,400초가 전부이다. 시간이라는 자산은 더 주어지지도 않고 덜 주어지지도 않는다. 남는다고 저장도 할 수 없고, 그렇다고 다른 사람에게 팔거나 담보로 제공할 수도 없다. 그러므로 시간은 모든 것이다. 시간은 과거-현재-미래로 연결되지만, 가장 중요한 것은 현재 그리고 지금이다. 시간을 지배하는 사람이 세계를 지배하고 자신의 운명까지도 지배한다고 했다.

미국의 작가인 케이 리온스는 "어제는 부도난 수표다. 내일은 약속어음이다. 오늘이야말로 유일한 현금이다. 현명하게 사용하라."라고 했다. 순간순간을 소중히 살아가야 한다. 시간은 아무도 기다려주지 않는다. 그래서 어제는 이미 지나간 역사이며, 미래는 알 수 없는 것이다. 현재, 즉 오늘이야말로 쓸 수 있는 유일한 시간이다. 그래서 우리는 현재Present를 선물Present이라고 한다. 시간은 흐르는 강물과 같아서 막을 수도 없고 되돌릴 수도 없다.

인생은 예행연습이 없는 본 게임이다. 다른 것은 연습이 있지만, 인생에서는 연습 자체가 주어지지 않는다. 과거와 미래 사이에서 오늘이, 바로 하루하루가 본 게임이며 시합이다. 그래서 하루하루가 중요하다.

헨리 데이비드 소로는 "우리의 인생은 자질구레한 일들로 낭비되고 있다. 단순하게 만들고 또 단순하게 만들라."라고 했다. 앨빈 토플러도 『부의 미래』에서 "부의 기반은 시간·공간 지식에 있는데, 그중 가장 중요한 시간을 생각 없이 다루는 사람은 성공할 수 없다."라며 시간의 중요성을 얘기했다. 데일 카네기 역시도 "현재의 이 시간이 더할 수 없는 보배이다.

사람은 그에게 주어진 인생의 시간을 어떻게 이용하였는가에 따라 그의 장래가 결정된다. 만일 하루를 헛되이 보냈다면 큰 손실이다.

하루를 유익하게 보낸 사람은 하루치 보배를 파낸 것이다. 하루를 헛되이 보내는 것은 내 몸을 소모하고 있는 것임을 알아야 한다."라고 말하며 시간의 중요성을 강조했다.

모든 사람에게 똑같이 24시간이 주어지는데도 시간이 있는 사람과 시간이 없는 사람으로 나뉜다. 미국에서 직장인들의 출근 시간을 비교한 것을 보면 가장 일찍 7시에 출근하는 사람은 사장이며, 그다음이 8시에 출근하는 부사장이다. 그리고 마지막으로 9시를 바라보는 시각에 헐레벌떡 들어서는 사람은 일반 직원들이라고 한다. 아침에 일찍 출근하고 활기차게 하루 86,400초를 보내는 사람과 나오기 싫은 것을 할 수 없으니까 억지로 나와서 시간만 때우는 사람과는 결과에서 엄청난 차이가 난다. 하루 86,400초를 촌음을 아껴가며 열심히 산 사람과 그럭저럭 시간만 죽이면서 산 사람은 10년, 20년 후 비교가 불가능할 만큼 사회적, 경제적 차이가 발생한다. 1년이면 31,536,000초이다. 시간을 돈으로 환산해서 1초에 1원씩만 계산해도 3천만 원이 넘는다.

현실에서 시간이란 한 사람의 탄생과 함께 시작되고, 결국 각자의 시간만 존재한다. 시간은 삶이고, 삶은 우리 마음속에 깃들어 있을 뿐이다. 틱낫한 스님의 '현재를 살아라'라는 메시지나 알프레드 디 수자의 '살라, 오늘이 마지막 날인 것처럼' 같은 잠언은 모두 현재의 시간을 충만하게 살라는 가르침이다. 변명 중에서도 가장 어리석고 못난 변명이 '시간이 없어서'라고 에디슨은 경고했다. 실러는 "미래는 주저하면서 다가오고, 현재는 화살처럼 날아가고, 과거는 영원히 정지하고 있다."라고 했다.

　사람은 누구나 나쁜 운과 좋은 운을 동시에 가진다. 여기서 운이
란 시간을 말하는데 하루 24시간, 1년 사계절 중에서 즐겁게 일할 수
있는 시간이 좋은 운이다. 이것을 놓치지 않고 열심히 일하는 사람에
게는 나쁜 운이 들어올 틈이 없다.

[Action Plan]

41) 행동(Activity)
  - 생각을 했으면 행동으로 옮겨라Just Do It!.

42) 직업(Occupation)
  - 즐거운 일을 직업으로 선택하라. 선택했으면 열심히 일하라.

43) 일과 삶의 균형(Working & Life Balance)
  - 일과 삶의 균형을 찾아라.

44) 중용(Moderation)
  - 지나침과 모자람보다 중용을 선택하라.

45) 유연성(Flexibility)
  - 유연하게 사고하고 피할 수 없다면 즐겨라.

46) 습관(Habit)
  - 좋은 습관에 대한 목록을 작성하고, 이를 실천하라.

47) 동기 부여(Motivation)
  - 동기 부여자가 되고 기회를 선점하라.

48) 실행(Execution)
  - 긴급하고 중요한 일을 먼저하고 실행에 집중하라.

49) 경쟁적 협조(Frenemy Partners)
  - 경쟁하면서도 협조하고, 협조하면서도 경쟁하는
    관계를 가져라.

50) 시간(Time)
  - 아침에 일찍 일어나 하루 86,400초를 10분 단위로
    열심히 살아라.

6th Wheel
My Basic
(기본)

인간으로서 기본 인성을 계발하고 싹수(싸가지)가 있는 사람이 돼라.
싹수가 없는 사람에게 성공은 비켜 간다.

군자에게
용맹만 있고 예가 없으면
세상을 어지럽게 한다.
소인에게
용맹만 있고 예가 없으면
도둑이 된다.

-공자

6th Wheel
My Basic
(기본)

부자 아빠 사고방식

 돈이 모든 것은 아니지만, 자본주의 사회는 돈으로 모든 것을 평
가하는 속성이 있기 때문에 돈은 중요한 자원이다. 노동자도 돈을 벌
기 위해 일하는 것이요, 사업가도 돈을 벌기 위해 사업을 한다. 자영
업자도 돈을 벌기 위해 시간을 투자하고, 투자가도 돈을 벌기 위해
위험을 무릅쓰는 것이다.

 로버트 기요사키가 쓴 『부자 아빠 가난한 아빠』라는 책을 보면 자
본주의 사회에서 직업을 크게 4가지로 분류한다. 수만 가지 직업도
다 따지고 보면 노동자, 자영업자, 사업가, 투자가 중 한 곳에 속한다.
그리고 이 4가지 부류가 자본주의에서 돈을 버는 방법은 크게 차이

가 나며 투자가 자본주의의 꽃이라고 말한다. 나는 노동자에서 자영업자를 거쳐 사업가까지 두루 겪어봤다. 투자가는 아직 금전적 여유가 없기도 하고 적성에도 맞지 않아 시도하지 않고 있다. 어찌 되었든 내 경우 직업을 바꾸면서 시간당 수입이나 보수를 비교해 보면 부자 아빠의 사고방식을 가질 필요가 있다는 것을 절감한다.

택시 운전을 할 때는 월급쟁이 노동자였다. 지금도 비슷하지만, 당시 택시를 끌고 나가서 버는 수입의 반은 택시 기사 몫이고 나머지 반은 회사나 차주의 몫이 되었다. 예를 들어 하루 6만 원을 벌면 3만 원은 내가 가져가는 몫이고 3만 원은 회사의 사납금이 된다. 하루 12시간을 일한다고 할 때 1시간당 5천 원을 벌어야 하루 사납금을 내고 내 일당을 챙길 수 있었다. 5천 원이 내 목표가 되다 보니 시간당 5천 원을 벌지 못하면 불안하고 5천 원보다 더 벌면 기분이 좋았다.

그런데 공인노무사가 되고 '구건서노무사사무소'라는 간판을 걸고 자영업자가 되자 시간당 단가가 5천 원에서 5만 원으로 뛰어올랐다. 1시간이라는 물리적 조건은 동일한데 택시 운전과 공인노무사는 무려 10배의 차이를 불러왔다. 다시 개인사무소에서 노무법인을 운영하는 사업가가 되고 경력이 쌓이면서 매스컴을 타는 등 사회적으로 유명인사가 되자 강의료가 시간당 50만 원, 100만 원, 200만 원으로 바뀌었다. 구건서라는 동일인이 노동자-자영업자-사업가로 변했을 뿐인데 시간당 가치는 5천 원-5만 원-50만 원으로 10배 이상 차이가 발생한 것이다.

만약 내가 지금까지 택시 운전을 하고 있다면 시간당 1만 원이나 2만 원 정도의 수입은 가능하겠지만, 50만 원, 100만 원, 200만 원의 강의료를 받기는 어려웠을 것이다.

『부자 아빠 가난한 아빠』에서 바라보는 것을 다시 확인하여 보자. 첫째, 대부분 사람이 속하는 월급쟁이는 사업주에게 고용되어 사업주를 위해 일하는 노동자를 말한다. 노동자는 자신의 노동력을 다른 사람을 위해 제공하고 다른 사람의 지시 감독을 받으며 일정 시간 노동해야 한다. 다른 사람의 지시를 받기 때문에 자유가 억압되는 속성이 있다. 소득은 자신이 결정하기보다 사업주가 결정하는 시급이나 연봉이 전부이다.

둘째, 자영업자는 자신의 노동력을 자신을 위해 제공하는 개인 사업주를 말한다. 자신이 가진 역량을 바탕으로 하면서 자격증 등을 가지고 본인이 직접 사업주로서 자신의 노동력을 다른 사람과 거래하는 것이다. 요즘 유행하는 1인 기업이 대표적인 자영업자에 속한다.

셋째, 사업가는 비즈니스 시스템을 갖추고 노동자를 고용해서 성과를 창출하고 경영을 한 대가로 이윤을 얻는 사람이다. 노동자들을 지시 감독하면서 최대의 성과를 내도록 하는 경영 기법을 사용한다. 사업이 잘되면 많은 이윤을 얻지만, 자칫 잘못될 때 손실도 고스란히 감수해야 하는 부류이다.

넷째, 투자가는 돈으로 돈을 버는 사람이다. 최근에는 개인 자본보다 펀드 등 기업형 자본이 글로벌 경제를 쥐락펴락하고 있지만, 투자가는 자신의 노동력을 움직여서 돈을 벌지 않고 돈이 돈을 벌기 때문에 시간에 얽매이지 않고 자유롭게 살 수 있다고 한다.

노동자, 자영업자, 사업가, 투자가의 4부류 가운데 가장 시간을 자유롭게 쓰는 사람은 투자가이다. 노동자는 자신의 노동력을 다른 사람에게 일정 시간 맡겨야 하기에 자유가 제한된다. 자영업사도 자신이 직접 용역을 제공해야 하기에, 사업가는 사업 경영을 직접 챙겨야 하기에 자유롭지 못하다. 그래서 자본주의의 꽃은 투자가라고 하는 것이다.

그런데 사회가 발전할수록 노동과 자본의 소득 분배가 공정해야 하는데, 그렇지 않은 것이 자본주의를 어둡게 하고 있다.

이력서와 미래 일기

나는 1년에 1권 또는 2권의 노동법, 노사관계 전문 서적을 발간한다. 그리고 내 이력서에 또 하나의 책이 추가된다. 매년 새로운 이력서를 작성하고, 그때마다 칸은 늘어간다. 내 이마의 주름만큼이나 나의 경력과 경험이 더 늘어가는 것이다. 새로운 이력을 추가할 때마다 성취감은 더욱 커진다.

그리고 매년 앞으로 10년 후에 무엇을 할 것인지 적어보는 미래 일기를 작성한다. 10년 후의 나에게 편지를 보내거나 10년 후의 어느 날을 일기로 써 보는 것이 전부이지만, 멋진 미래가 펼쳐지는 모습에 절로 웃음이 난다. 좋은 모습만 상상하므로 기분이 더욱 고양되는 것이다.

이렇게 매년 새로운 이력서를 써 보고 미래 일기를 쓰는 것은 내 삶에서 중요한 활력소가 된다. 이력서는 한 권의 꿈을 완성하여 가는 모습이며, 미래 일기는 앞으로 이루어낼 또 한 권의 꿈이 된다. 마음이 울적할 때, 일이 잘 안 풀릴 때마다 미래의 내 삶을 그려보면서 희망을 품는다. 현실이 조금 어렵다고 하더라도 미래의 꿈은 나에게 희망을 선물하기 때문이다. 그런 나에게도 허위 이력서를 작성한 아픈 과거가 있다.

중학교를 중퇴한 이력을 사실대로 쓰는 것이 왜 그리 창피한지 노무사가 되기 전에 쓴 대부분의 이력서에 '고졸'로 기재했다. 친구들도 내가 고등학교를 졸업한 줄 알았고, 아내도 고등학교를 졸업했다는 내 말을 그대로 믿었다. 노무사가 되고 나서 노동부에 서류를 제출할 때 초등학교 졸업증명서를 가지고 갈 수밖에 없었다. 그런데 노동부에서 내가 근무했던 택시회사에 전화를 걸어 확인해 본 결과, 고졸로 적힌 회사 이력서 때문에 어느 것이 맞는지를 두고 한바탕 소란이 벌어지기도 했다.

이력서는 그 사람이 살아온 내력을 나타내고, 미래 일기는 그 사람이 앞으로 살아갈 경로를 예상하는 것이다. 현재를 매개로 하여 과거의 나를 돌아보고 미래의 나를 상상하는 것은 의미 있는 작업이다. 누구든 어제의 이력을 오늘도 그대로 가지고 있다면, 이는 변화에 뒤떨어지는 처세일 것이다. 지난해의 이력서와 올해의 이력서가 동일하다면 1년 동안 특별한 노력을 기울이지 않았거나 그냥 시간을 죽인 것밖에 되지 않는다.

새로운 사람을 만나고 새로운 경력을 추가하는 것도 살아가는 모습이 된다. 새로운 자격증을 취득하거나 새로운 학문에 심취하는 것 또한 중요한 이력이 된다. 겉으로 드러나지 않더라도 자신의 이력서에 무엇을 추가할 것인지 고민해야 한다. 담배를 끊거나 건강을 위해 운동을 시작하는 것도 좋으며, 새 차를 사거나 휴대폰을 바꾸는 것도 새로운 이력이 된다. 과거의 이력이 아닌 장래의 미래 일기는 가능한 한 긍정적으로 써야 한다. 인생을 어떻게 설계하느냐에 따라 그 사람의 인생이 결정되기 때문이다. 매일매일 주어진 시간에 최선을 다하고 멋있는 미래를 꿈꾸는 것이 이력서와 미래 일기를 충실하게 만드는 지름길이다.

생각이 삶을 만든다

인생은 100살까지 살아야 하는 여정이며 끝이 어디인지 알 수 없는 연극과도 같다. 태어나고 죽는 것은 내가 관여할 수 있는 것이 아니라 신의 영역으로 남아 있기 때문이다.

이런 긴 여행에서는 긍정적이고 낙관적인 사람이 살아남는다. 물이 반 정도 담긴 잔을 바라보는 사람의 시각은 긍정적이냐, 부정적이냐에 따라 차이가 있다. 긍정적인 사람은 아직도 반이나 남아 있다고 말하고, 부정적인 사람은 반밖에 남아 있지 않다고 말한다. 두 사람 중 누가 더 성공할까. 아마도 긍정적인 사람일 것이다. 성공한 사람들 대부분은 긍정적이다. 어떻게든 부정적인 생각은 떨쳐 버리고, 그 자리를 긍정적인 생각과 신념으로 채운다. 부정적인 사람은 '~ 때문에'를 자주 사용하며 모든 것을 남의 탓으로 돌린다. 그러나 긍정적인 사람은 '그럼에도 불구하고, ~덕분에'를 자주 사용하며 모든 것을 내 탓으로 돌린다. 어떤 일이든 긍정적인 측면이 있다. 긍정적으로 바라보면 세상은 아름답지만, 부정적으로 바라보면 세상은 온통 추한 일뿐이다.

사람은 살면서 18세까지 부정적인 말을 14만 8천 번이나 듣지만, 긍정적인 말은 수천 번밖에 듣지 못한다고 한다. 이러한 불균형을 해소하려면 자기를 칭찬하고 자신에게 긍정적인 말을 수십 번, 수천 번 반복하여 주문을 걸어야 한다. 긍정적인 태도를 지니는 동시에 현실에서 일어나는 문제를 스스로 해결하려는 자기 주도적인 마음가짐이 바람직하다.

지금 부족한 것을 반드시 나쁘게 생각하지 않는 것도 중요하다. 무언가 새롭게 배울 수 있는 기회가 되기도 하고, 이루고 싶은 욕망을 자극하기도 한다. 가난하고, 못 배웠다는 것이 어릴 적에는 상처로 남았었다. 그러나 지금에 와서 생각해보면 가난했기 때문에 악착같이 열심히 일할 수 있었고, 못 배웠기 때문에 독학이지만 남보다 더 열심히 공부할 기회를 만들었다.

만약 우리 집이 부자였다면 그렇게 열심히 일할 필요가 있었을까? 만약 내가 부모님 덕분에 대학을 마칠 수 있었다면 그렇게 기를 쓰고 공부를 할 필요가 있었을까? 가난한 것, 학교를 못 다닌 것이 따지고 보면 다 역경인데, 이를 모두 긍정적으로 바라보고 또 다른 기회로 만들었다는 것이 중요하다.

앤드루 카네기는 "말과 생각이 바뀌면 행동이 바뀌고, 행동이 바뀌면 습관이 바뀐다. 그리고 그 습관은 결국 인생을 바꾼다."라고 말했다. 말이 행동을 지배하고 행동이 습관이 된다. 따라서 긍정적인 말을 하고 긍정적인 사고와 태도를 보이면 긍정적인 행동이 나온다. 그런 긍정적인 행동이 결국 습관이 되고 성공에 이른다.

여기서 긍정은 근거 없는 낙관이 아니라 냉철한 판단에 근거한 긍정이어야 한다. 항상 웃으면서 미래를 준비하는 사람은 긍정적인 삶을 살아갈 수 있다. 된다 하면 안 될 일도 된다. 긍정은 때로는 초인적인 힘을 발휘하며 뜻밖의 성과를 낳는다.

'하쿠나 마타타Hakuna matata'라는 건배사가 있다. 아프리카 스와힐리어로 '걱정하지 마, 다 잘 될 거야'라는 뜻이다. 제프 케틀러Jeff

191

Kettler는 '태도가 모든 것Attitude is everything'이라고 한다. 그리고 "먼저 당신 스스로 창문을 닦아라. 그리고 스스로 잘못된 태도를 통제하라. 행복한 사람이란 어떤 환경에 처한 사람이 아니라 일상에 적극적인 자세를 가진 사람이다. 모든 것은 소중한 그의 태도에 달려 있다."라는 결론을 내렸다.

부정적인 생각이 가득하면 부정적인 일이 일어나고, 반대로 긍정적인 생각이 가득하면 긍정적인 일이 일어난다. GIGOGarbage In, Garbage Out라는 신조어처럼 쓰레기를 넣으면 쓰레기가 나올 뿐이다.

10%의 재투자

나는 수입의 10%를 나 자신을 위해 재투자하는 것을 택시 운전할 때부터 계속해 왔다. 자신에게 투자하지 않고 매년 연봉이 오르기를 바라는 것은 공짜 심리나 다름없다.

1980년대 당시 택시 운전을 할 때 누런 월급봉투에 찍혀 나오는 금액은 15만 원 정도였는데, 그중 10%인 1만 5천 원은 내가 좋아하는 책을 사 보는 데 전액 사용했다. 생활비도 안 되는 월급 가운데 10%를 책 사 보는 데 썼으니 아내는 속이 뒤집힐 노릇이었지만 겉으로 싫은 내색은 하지 않았다.

휴일에 교보문고에 나가 종일 책을 읽고, 그중에 마음에 드는 책을 겨우 한 권밖에 사 오지 못했다. 하지만 나에게 그 일이 가장 큰 기쁨이고 삶의 원동력이었다.

결국 10% 투자로 인해 시간당 5천 원을 지상 목표로 하던 운전기사에서 시간당 50만 원, 100만 원을 받는 일류 강사로 변신할 수 있었다. 만약 내가 지속적으로 10%를 투자하지 않았다면 언감생심 꿈도 꾸지 못할 일이다. 공인노무사가 된 이후에도 책을 사 보거나 자료를 수집하는 일에 과감하게 10% 이상을 투자했으며, 컴퓨터를 비롯한 디지털 기기에도 돈을 아끼지 않았다. 결국, 자신에 대한 투자는 복리 이자가 붙어 자신에게 다시 돌아온다는 것이 조그만 진리다.

내비게이터십 책을 만들고, 교육 프로그램을 개발한 것도 따지고 보면 10%의 재투자 덕분이다.

단순히 노동법과 노사관계 전문가에 그치지 않고 사람 사는 일에, 또 개인의 지속적인 성장과 조직의 통합이라는 주제에 관심을 두고, 그와 관련한 책을 사서 공부한 결과 새로운 리더십 프로그램인 '내비게이터십'을 개발했다. 그와 함께 내가 살아온 과정을 내비게이터십의 8가지 덕목에 맞추어 인생역전의 8가지 비결로 정리한 것이 이 책이다. 앞으로도 나는 꾸준하게 수입의 10%를 투자할 것이며, 더 나아가 다른 사람을 위한 10%의 투자도 새롭게 시작할 예정이다.

A형 또는 π형 인재가 되라

인적자원관리에서 기업의 인재상을 표현할 때 ―형, I형, T형, A형, π(또는 TT형)로 나누는 경우가 있다. 모든 사람을 이러한 인재형으로 구분하기란 어렵지만, 기업에서 필요한 인재를 선발하거나 배치전환을 할 때 참조하는 기준은 될 수 있다.

첫째, ―형은 말로는 모르는 것이 없는 박학다식한 사람인데, 깊이는 없는 사람을 가리킨다. ―형인 사람은 자신의 지식을 나눠 주는 것을 좋아한다. 이 때문에 많은 사람에게 인기가 높다. 그러나 전문적인 깊이는 없다. 이러한 사람은 종종 우리를 새로운 화제나 분야로 이끌고 간다. 그러나 그 분야에 대한 심도 깊은 지식이 아닌, 그 분야 전문가들의 의견을 인용하는 것에 그칠 때가 잦다. 그것은 지식으로 체화된 것이 아닌 단순한 정보일 뿐이다.

둘째, I형은 한 가지 분야에 전문성을 갖춘 인재로서 연구원 등 하나의 일에 몰두하는 스페셜리스트Specialist를 의미한다. 이러한 사람은 자기가 하는 분야를 제외한 다른 분야는 신경을 안 쓰는 외고집일 확률이 높다.

셋째, T형은 한 가지 분야에 특별한 전문성도 있으면서 다른 분야에도 여러 가지 해박한 지식을 두루 갖춘 스페셜리스트인 동시에 제너럴리스트Generalist인 사람을 말한다. 전문성도 있지만 리더십과 관리 능력까지 겸비하여 이중적 위치를 소화할 수 있는 인재로, 한 분야를 잘 알면서 관련 분야까지 폭넓은 지식을 갖춘 인재이다.

넷째, A형은 두 가지 분야 이상 전문 지식으로 무장한 인재를 말한다. 자신의 전문 분야에서도 최고의 성과를 내지만, 다른 사람과 함께 조직의 성과도 높일 수 있는 팔방미인형 인재가 A형이다. 이와 비슷한 개념으로 π형이 회자된다. 이는 두 가지 분야 이상에서 전문성을 갖추고 리더십이나 관리 능력을 갖춘 현대형 인재를 말한다. TT형이라고 부르기도 한다.

과거 산업 자본주의 시대에는 무엇이든지 I형 인재가 가장 각광받았다. 하지만 21세기 지식 자본주의 시대에서 I형은 큰 대우를 받지 못한다. 오히려 한 가지 전문 분야가 있고, 그 위에 깊은 수준은 아니지만 해박한 지식과 능력을 갖춘 T형 인재를 사회에서 더 선호한다. 이런 인재는 I형 인재보다 더 높은 가치를 인정받는다. 하지만 T형은 조직이나 팀으로 일할 때 잘 어울리지 않는다. 혼자 사는 세상이 아니라 함께 사는 세상이므로, 이제는 A형 인재, π형 인재, TT형 인재가 문리통섭형 인재로서 조직에서 필요한 사람으로 인정받는다.

즉, 한 가지 이상의 전문 분야가 있고 주업은 아니지만, 그에 못지않은 깊이를 지닌 다른 정통한 분야를 가지고 있으면서 팀워크를 이루어 많은 성과를 창출하는 능력을 지닌 사람이 대우받는 것이다.

나는 길거리 장사나 단순 자영업을 할 때는 _형이었으나 택시 운전을 하면서 운전 분야에서 최고인 I형으로 변화했다. 그리고 공인노무사가 되면서 주변의 다양한 학문을 바탕으로 노동법과 노사관계에 대한 전문가로 인정받는 T형이 되었다. 최근에는 법학, 경영학, 경제학, 심리학, 사회학 등을 두루 섭렵하면서 A형, π형, TT형으로 나의 역할을 바꾸어 나가고 있다.

혼자 잘하는 것도 중요하지만, 다른 사람과 함께 팀워크를 이루어 더 큰 성과를 내는 것이 현대 창의적 지식 자본주의 사회에서 필요한 인재상이다.

먼저 사람이 되라

사람이 다른 동물과 다른 점은 염치가 있기 때문이고, 사람으로서 예의를 지킬 줄 알기 때문이라고 한다. 다른 사람에게 피해를 주지 않고 다른 사람과 함께하려는 생각을 가지는 것, 이 사회를 조금이라도 더 좋게 만들려는 것, 내가 가진 것을 나누려는 것, 사람 내음이 나고 싹수가 있는 행동을 하는 것은 모두 기본 인성에서 비롯된다. 공부를 잘해서 좋은 직업을 갖는 것도 중요하지만, 부모라면 공부 이전에 사람으로서 기본 인성을 키워주는 것이 더 시급하다. 기본 인성을 갖춘 상태에서 공부와 일을 열심히 하는 사람은 누구에게나 환영받지만, 기본 인성이 없는 상태에서 공부만 잘하면 혼자만 잘난 이기주의자가 된다.

어떤 직업을 선택하느냐 하는 것은 한 사람의 일생을 좌우하는 중요한 결정이다. 직업은 힘 안 들고 보수가 많은 직업, 힘 안 들고 보수가 적은 직업, 힘들고 보수가 많은 직업, 힘들고 보수가 적은 직업으로 크게 나눌 수 있다. 첫째, 힘 안 들고 보수가 많은 직업은 그다지 많지 않다. 직업이 없는 사람이거나 돈이 많아서 일을 안 해도 먹고사는 사람이 대부분일 것이다. 요즘 유행하는 'M&F 펀드'를 가진 사람이 대표적이다. M&F 펀드란 Mother & Father Fund를 의미하는 신조어이다. 부모가 재산이 많으니까 굳이 일할 필요도 없고 일할 필요성도 느끼지 않는 팔자 좋은 사람을 빗댄 말이다. 둘째, 힘 안 들고 보수가 적은 직업은 경비원 등 육체적인 노동보다 단순히 감시하는 업무에 종사하는 사람일 것이다. 이러한 직업은 보수가 적지만, 편하기에 퇴직한 노년층이 선호하는 직업이다. 셋째, 힘들고 보수가 많은 직업은 임원이나 부서장과 같이 하루하루가 긴장의 연속인 사람일 것이다. 보수는 많지만, 과로와 스트레스로 건강을 많이 해치는 부류이다. 넷째, 힘들고 보수가 적은 직업은 육체노동을 통해 돈을 버는 사람 대부분일 것이다.

사회적으로 사교육이 큰 문제라고 하지만 사교육이 판을 치는 것도 좋은 대학을 들어가기 위한 것이고, 좋은 대학을 들어가야 좋은 직장을 잡을 수 있기 때문일 것이다.

그런데 공부를 잘해서 좋은 직장에 들어가는 것도 중요하지만, 더 중요한 것은 기본 인성을 키워야 한다는 점이다. 기본 인성이 없는데 공부를 잘하고, 이것으로 높은 자리에 올라가면 자신만 아는 무서운

사람이 될 수 있기 때문이다. 사람이 사람다운 것은 다른 사람과 어울려서 함께 살아가는 것인데, 혼자만 잘살려는 것은 사람이기를 포기하는 것과 같다. 기나긴 인생이라는 연극에서 연습 무대라 할 수 있는 20살 이전에는 기본 인성을 키워주어야 한다.

옛날에는 '개천에서 용 난다'는 말이 통했지만, 요즘은 '개천에서는 시궁창 냄새만 난다'는 말이 통용된다. 타고난 팔자는 못 고친다는 자조적인 얘기인 셈이다.

그러나 기본 인성이 잘 갖추어져 있다면 스스로 자신의 인생을 개척할 능력이 생길 수 있다. 그렇다면 개천에서 용 나올 수도 있고 타고난 팔자도 고칠 수 있다. 사람 내음이 나고 싹수 있는 세상을 만드는 것이 내비게이터십의 목표다.

51) 기본기(Basic)
 - 기본기에 충실하고 싹수가 있는 사람이 돼라.

52) 존중(Respect)
 - 다른 사람을 존중하고 법, 질서, 도덕, 양심을 지켜라.

53) 예의(Courtesy)
 - 사람으로서 예의를 지키고 언행을 일치시켜라.

54) 프렌십(Friendship)
 - 다양한 친구를 진심으로 사귀고 동호회 등에도 적극적으로
   참여하라.

55) 자비(Mercy)
 - 시간과 수입의 10% 이상을 베풀어라.

56) 정직(Integrity)
 - 정직한 생활을 하고 부정한 재물을 멀리하라.

57) 자부심(Pride)
 - 자존감과 성찰의 기회를 가져라.

58) 웃음(Smile)
 - 언제나 웃음을 잃지 말고 유머를 생활화하라.

59) 배려(Care)
 - 다른 사람을 먼저 배려하라.

60) 인성(Character)
 - 인간으로서 기본 인성을 키워라.

7th Wheel
My Preparation
(준비)

10년 후, 20년 후의 미래를 준비하라.
자고 일어나니 유명해진 사람은 없다.

인간은 습관의 노예다.
아무도 이 강력한 폭군의 명령을
거스르지 못한다.
그러므로 다른 무엇보다도
내가 해야 할 것은
좋은 습관을 만들고
그 습관의 노예가 되는 것이다.

–오그 만디노

My Preparation
(준비)

100년 뒤의 위인

어린이 잡지인 『생각쟁이』는 '100년 뒤의 위인을 지금 만난다'라는 캐치프레이즈를 사용한다. 잡지에 소개되는 사람들이 100년 후에는 모두 위인이 되어 있을 테니, 그 위인들의 일거수일투족을 따라 배우자는 취지일 것이다. 언젠가 5월 어린이 달 특집호에서 '학력 콤플렉스를 극복하고 전문 분야에서 성공한 사람들'이라는 꼭지를 만들어 나에게도 취재 요청을 해 왔다. 속으로 '그럼 내가 100년 뒤에 위인이 될 수 있다는 말 아닌가?' 하며 기쁜 마음으로 인터뷰에 응했더니, 그것이 기사화되어 나왔다.

하고 싶은 일, 할 수 있다는 자신감과 노력만 있으면 세상에 두려

울 것이 없다는 큰 제목에 나를 '최저 학력의 최고 공인노무사'로 소개했다. 함께 소개된 사람은 대한민국 최고의 가위손 박 준, 국제 무대의 한국인 고물상 김재규, 최고의 밥상만을 고집하는 박효남 등이었다.

그 후 신문에 보도된 내용과 『생각쟁이』의 인터뷰를 바탕으로 경기도중등진로교육연구회에서 발간한 『진로를 개척한 우리들의 영웅들』이라는 책에 내 이야기가 아시아의 영웅으로 소개되었다.

아시아의 영웅에서 나는 '불량 청소년에서 최고의 공인노무사가 되다'는 제목으로 역경을 극복하고 활발하게 활동하는 내 모습을 멋있게 그려 주었다. 원래 위인전은 그 사람이 죽고 나서 후손이 선조의 살아온 얘기에서 교훈을 얻으려는 방편의 하나로 만드는 것이 일반적이다. 그럼에도 나는 재주(?)가 좋아서 살아있으면서도 위인으로 인정받는 영광을 누렸다. 학교 진로 지도의 일환으로 모범이 될 만한 사람들을 골라 교훈으로 삼고자 얘기를 꾸민 것이지만, 내가 아시아의 영웅으로 묘사되었다는 것은 그만큼 내가 살아온 과정이 의미 있었다는 방증傍證이기도 했다.

100년 뒤의 위인, 아시아의 영웅으로 책에 소개된 나는 실제로 100년 뒤에 후세 사람들이 나를 위인으로 평가하도록 더 열심히 내 길을 개척해 나가려 한다. 그러한 각오를 나는 날마다 한다. 하루하루를 억지로 시간 때우기에만 급급한 것이 아니라, 그 시간을 좀 더 충실하게 보내고 싶다. 설령 100년 뒤에 내가 위인이 되지 못한들 어떠라! 주어진 시간에 최선을 다하고, 나와 내가 사는 세상을 좋게 만들어 간다면 내 역할을 다한 것 아니겠는가.

10년의 법칙, 1만 시간의 법칙

어떤 일이든 전문가 소리를 들으려면 10년은 노력해야 한다. 『아웃라이어』라는 책에서 저자인 말콤 글래드웰도 이를 '1만 시간의 법칙'으로 표현했다. 그는 "성공은 무서운 집중력과 반복적 학습의 산물"이라고 하면서 "자기 분야에서 최소한 1만 시간 동안 노력한다면 누구나 성공할 수 있다."라고 했다. 하루도 빠지지 않고 3시간씩 연습한다고 할 때 10년을 투자해야 하는 엄청난 시간이다. 1만 시간을 투자하여 노력할 때 우리의 신체와 정신은 최적의 상태가 된다.

신경과학자 다니엘 레비틴도 어느 분야에서든 세계 수준의 전문가, 마스터가 되려면 1만 시간의 연습이 필요하다는 연구 결과를 내놓았다. 작곡가, 야구 선수, 소설가, 스케이트 선수, 피아니스트, 체스 선수 등 어느 분야를 막론하고 1만 시간의 법칙은 확인할 수 있다. 1만 시간은 대략 하루 3시간, 1주일에 20시간씩 10년을 연습한 것과 같다. 1만 시간은 위대함을 낳는 매직 넘버로 통한다.

나 또한 무슨 일을 하건 10년 후를 예상하고 준비한다. 10년 전에 준비하고 10년 후를 대비한다는 것은 다른 사람과의 경쟁에서 앞서

갈 수 있는 나만의 비법이다. 공인노무사 시험을 위해 3년간 공부했지만, 그것은 20대부터 쌓은 기초에 대한 결과가 시험 합격으로 나타났을 뿐이다.

영어 회화 공부를 예로 들면 10년의 법칙과 1만 시간의 법칙은 더 명확해진다. 내가 영어 회화에 본격적으로 매달린 것은 1981년 독일 바덴바덴에서 1988년 서울올림픽 개최가 확정된 순간부터이다. 올림픽 때 나도 영어 회화를 마음대로 구사해서 외국인들과 대화를 나누었으면 하는 기대를 실현하려고 영어 회화에 올인All in했다. 아침 일찍 시작하는 TV 프로그램을 녹음하여 운전하는 틈틈이 들은 것은 물론이고, 영어 테이프를 구입해 테이프가 늘어져 더 들을 수 없을 때까지 따라 했다.

그 결과 서울올림픽을 앞두고 실시한 두 번의 영어 회화 콘테스트에서 각각 상을 받는 영광을 차지했다. 그리고 부상으로 받은 제주도 여행권으로 꿈같은 여행도 즐겼다. 올림픽 때는 자원봉사자로 뽑혀 경기장 곳곳을 누비며 최선을 다했다. 함께 다니던 외국 수상의 수행원이 영어 발음이 아주 좋다면서 미국에서 얼마나 살다 왔느냐는 질문을 할 때는 뛸 듯이 기뻤다. 혼자 독학으로 한 영어 회화인데 외국인이 발음이 좋다고 칭찬을 해 주니 이보다 더 좋은 일이 어디 있겠는가.

10년 전부터 준비하고 10년 동안 영어 회화를 위해 투자했기 때문에 가능한 일이었지, 단시간에 얻은 결과는 아니다. 2002년 월드

컵 때도 자원봉사자를 선출했는데, 한순간의 실수로 그 기회를 날려 버린 것이 못내 아쉽다. 나는 수송 분야에 지원했는데 월드컵이 열리 기 전 음주 운전으로 면허가 취소되는 바람에 자원봉사가 물거품이 되고 말았던 것이다. 그렇지 않았다면 우리나라에서 열린 올림픽과 월드컵이라는 큰 행사에 모두 자원봉사자로 참가하는 영광을 누렸을 텐데…. 이제 2018년 평창동계올림픽이 남았다. 강원도에 은퇴 농장 도 만들어 놓았겠다, 평창올림픽 때 꼭 자원봉사자로 참가하여 하계 와 동계 올림픽 모두 자원봉사를 하는 기록을 남기고 싶다.

강의를 잘하려고 투자한 시간도 10년의 법칙과 일맥상통한다. 1989년 공인노무사에 합격하고, 나는 노동법과 노사관계에 대한 강 의로 전문성을 키우겠다는 각오를 다졌다. 책을 읽으면서도 강의를 생각했으며 심지어 차를 몰면서도 다른 사람이 한 강의를 듣고 다시 또 듣는 열정을 보였다. 그 결과 1997년 노동법이 개정되었을 때 가 장 빨리 책을 냈고, 그 덕분에 강의 요청이 쇄도했을 때는 하루에 서 너 곳을 다니면서 강의 일정을 소화했기에 최고라는 소리를 들을 수 있었다.

자나 깨나 10년 동안은 강의를 잘해야겠다는 생각에 빠져있었기 때문에 기회가 주어졌을 때 내 것으로 만들 수 있었던 것이다. 10년 의 법칙과 1만 시간의 법칙은 이 세상에서 가장 진실된 법칙이라고 보아야 한다. 행운은 준비된 사람에게만 미소 짓는다. 준비하지 않는 사람에게 기회는 비켜가는 속성이 있다. 10년 후를 준비하는 사람만이 행운을 낚아챌 수 있다. 운이 따르는 사람은 '준비한 사람'일 뿐이다.

아침 7시에서 밤 11시까지 : 7-11 법칙

지금은 집에서 인터넷으로 대부분의 일을 처리하고 휴대전화로 연락할 수 있기에 특별한 일이 없으면 사무실을 나가지 않는다. 그런데 내가 열심히 일했던 1990년대에는 이렇게 인터넷이 발달하지 않고 휴대전화도 일반화되지 않았기에 사무실로 출근하여 업무를 처리하는 것이 당연한 일과였다.

그때 나는 새벽 5시에 일어나 7시까지 사무실에 도착해서 2시간 동안 혼자 조용히 책을 보고, 밀린 일을 처리하는 시간을 가졌다. 그리고 일과를 끝내고 밤 11시까지 사무실에 남아서 원고를 정리하고 하루를 마무리했다. 다른 직원에 비해 아침에 2시간, 저녁에 4시간 정도 더 투자한 것이다. 그때 습관 때문에 Seven to Eleven$^{7-11}$이라는 별명을 얻었다. 보통 직장인이 Nine to Six$^{9-6}$임에 반해 나는 오전 7시부터 오후 11시까지 일벌레같이 근무한다는 뜻이었다.

최근에는 사무실에 나갈 일이 많지 않아서 출근과 퇴근이 자유롭지만, 집에서도 가능한 7-11을 지키려고 한다. 아침 5시에서 6시 사이에 일어나 7시부터 일을 시작하여 밤 11시까지 꾸준하게 하려는 마음으로 일한다. 물론 종전과 같이 엄격하게 시간을 관리하지는 않는다. 다만, 종전의 긴장감을 늦추지 않으려고 노력할 뿐이다.

그러나 오전 5시에 일어나고 7시부터 오후 11시까지 일하는 습관이 몸에 밴 것은 다른 사람과의 경쟁에서 앞서 갈 수 있는 원동력

Seven to Eleven

이 되었다. 어떤 사람은 잠은 자면서 일하느냐고 궁금해 한다. 나는 선천적으로 잠이 많아 부족한 잠은 낮잠이나 쪽잠으로 해결한다. 점심 후 30분 정도 의자에 앉아 눈을 감거나 지하철이나 버스를 탈때 이동 시간을 최대한 활용하면 부족한 잠을 보충할 수 있다. 하루 86,400초는 정해져 있고, 그 유한한 자산을 최대한 사용하려면 잠자는 시간을 줄이거나 자투리 시간을 잘 활용하는 것이 최선의 방책이다.

하구잽이와 작심삼일

어떤 사람이 내 별명을 '하구잽이'로 작명한 적이 있다. 하구잽이는 무엇이든 이것저것 시도하고 일을 벌이는 사람을 가리키는 사투리라고 한다. 호기심이 많아서 무엇이든 저질러 보고, 그다음에 문제를 해결하는 내 성격을 두고 좋은 의미로 지어준 것이다. 반면에 나는 무슨 일이든 빨리 싫증을 낸다. 진득하게 기다리지 못하고 성질이 급해 빨리빨리 끝내고 말아야지, 끝까지 붙들고 늘어지는 끈질김이 부족하다.

그러다 보니 하구잽이라는 별명 말고도 컴퓨터, 휴대전화 등 디지털 기기를 다른 사람보다 일찍 사용하는 '얼리어답터족'에 속하기도 하고, 마음먹은 일은 실제로 시도하여 보는 편이지만, 이 또한 3일이면 시들해지는 '작심삼일作心三日족'에 포함되기도 한다.

작심삼일은 결심한 마음이 사흘을 가지 못하고 곧 느슨하게 풀어지는 것을 의미한다. 대부분 부정적인 의미로 사용하지만, 뒤집어 생각하면 작심 자체를 하지 않는 것보다 작심삼일이라도 하는 것이 더 낫다.

나는 작심삼일에 그칠지라도 수없이 반복하며 좋은 결과를 얻었다. 공인노무사 시험에서도 작심삼일이 큰 위력을 발휘했으며, 영어 회화 공부를 할 때도 수없이 시도하고 또 수없이 포기하는 과정을 거쳐 어느 정도 실력에 도달할 수 있었다. 작심삼일을 여러 번에 걸쳐 반복하다 보면, 그것이 습관이 될 수 있고 결과적으로 좋은 성과를 내는 것이다. 바꾸어 생각하면 작심삼일을 10번 하면 한 달이나 지속하는 것이며, 작심삼십일을 12번 반복하면 1년이나 지속하는 것이 된다. 영어 공부도 10년간 작심삼일을 지속하다 보니 '서당개 3년이면 풍월을 읊는다'는 말처럼 일상적인 대화를 하게 되었다. 공인노무사 시험도 3년간 작심삼일을 한 것이 합격이라는 결과를 가져왔다.

어떤 식이든 시도하라

내가 공인노무사에 합격한 것은 머리가 좋아서도 아니고 환경이 좋아서도 아니다. 그냥 죽기 아니면 까무러치기라는 절박한 심정으로 시험에만 매달렸기 때문이다. 그중에서도 대표적인 사례가 택시 운전대(핸들)에 책을 매달고 다니면서 공부한 것이다.

1만 시간의 법칙까지는 들이지 않았다고 하더라도 시험이라는 것은 절대적인 학습량이 요구되는 고된 작업이다. 그리고 택시 운전은 자기가 일을 하지 않으면 생활비를 가져갈 수 없는 구조라서 직접 차를 끌고 나가서 사납금을 맞추지 않으면 안 된다. 택시 운전을 하면서 시험 준비를 병행하는 것은 그야말로 무모하고 허무맹랑한 짓으로 보였다. 더구나 기초 실력도 없는 중학교 중퇴자가 하룻강아지 범 무서운 줄 모르고 함부로 날뛰었으니 주변에서 미친놈 취급을 하는 것은 당연했다. 더 가관인 것은 아침에 배차를 받아 일하러 나갈 때 핸들에 책을 오려 붙이고, 그 책을 보면서 차를 몰고 나가는 모습이었다. 시간을 절대적으로 확보해야 한다는 절박함이 무슨 짓이든 하게 만든 것이다.

책상에 앉아서 여유롭게 공부하는 것은 별개로 치더라도 3년간 약 1만 시간을 공부할 수 있었던 것은 바로 택시 운전이라는 직업이었기에 가능했다. 남들은 불가능하다고 했지만, 오히려 나는 어려운 환경에서 더 많은 시간을 확보하는 방안을 고안했다. 하나는 운전 중에 강의 테이프를 꾸준하게 듣는 것이며, 또 다른 하나는 택시 운전대에 책을 오려 붙일 수 있는 장치를 마련한 것이다. 테이프 10개를 가지고 나가면 특별한 사정이 없는 한 10개를 다 들으려고 노력했다.

책상에 앉아서 하는 공부보다 능률은 낮고 머릿속에 잘 들어오지도 않았지만 반복하고 또 반복했다. 나중에는 강사가 하는 말투를 따라 할 만큼 여러 번 들었다. 손님들이 불편할까 봐 거금을 주고 워크맨 형태의 '삼성 mymy8'을 구입해서 이어폰으로 나 혼자 듣고 다니

기도 했다. 무얼 듣는지 잘 모르는 손님들은 "거 기사 양반, 좋은 것 있으면 같이 들읍시다."라고 시비를 걸기도 했다. 사정을 설명하면 대부분 이해해 주었지만, 가끔 만취한 손님은 기어이 이어폰을 빼앗아 직접 들어 보기도 했다.

핸들에 책을 오려 붙이고 다닌 것은 꼭 합격해야겠다는 강한 신념의 표현이기도 했다. 일하는 틈틈이 신호 대기 시간이나 차량이 밀리는 정체 시간을 최대한 활용하자는 생각이었다. 밤에도 핸들에 붙인 책이 잘 보이도록 별도의 조명 장치까지 구입했다. 매일 운전하면서 책을 읽다 보니 눈도 나빠지고, 가끔은 가벼운 추돌 사고도 있었지만 효과는 좋았다. 처음에는 읽는 속도가 느렸지만, 차츰 속도가 붙어 하루에 약 200페이지는 읽을 수 있게 되었다. 3일이면 책 한 권을 일독할 정도였으니까 깊이 있는 이론은 수박 겉핥기식이지만, 한 권을 독파했다는 성취감은 의외로 컸다.

그렇게 해서 어떤 책은 약 100번은 읽은 것으로 기억한다. 차분히 앉아서 하는 10번의 공부보다야 못 하겠지만, 어떻든 100번을 읽은 효과는 시험장에서 여실히 나타났다. 논문형 문제가 출제되자마자 내가 주로 읽던 김형배 교수의 노동법 책 첫 페이지부터 마지막 페이지까지 파노라마처럼 쭉 떠오르는 희열을 느낄 수 있었기 때문이다.

새로운 분야를 배워라

노동 문제는 사람 사이의 갈등을 해결하는 것이기에 인간에 대한 이해가 선행되어야 한다. 리더십, 자기 계발, 모티베이션, 코칭 등 다양한 기법이 개발되기에 늘 새로운 학습이 요구된다. 나는 가능한 한 매년 새로운 과정을 하나씩 수료하기로 마음먹고 이를 실천해 왔다.

우선 인간개발연구원에서 실시하는 리더십 프로그램을 수강했다. "마음에 그린 인생의 꿈은 반드시 이루어진다"라고 한 폴 마이어가 개발한 EPLEffective Personal Leadership 과정인데 4개월 동안 스스로 읽고 발표하고 실행하는 자기 계발 리더십 프로그램이다. 함께 공부하는 과정에서 다른 사람을 통해 배운 지혜가 삶을 윤택하게 했다.

선명한 꿈을 꾸고, 실천 가능한 목표를 세워서 꾸준하게 실행하면 꿈이 이루어질 수 있다는 EPL의 핵심 가치는 내가 개발한 내비게이터십 프로그램에서도 그대로 적용된다. 장만기 회장님을 비롯해 엄경애 대표 등 많은 분과의 만남도 소중한 인연으로 이어가고 있다.

심리학적인 측면에서 사람을 이해하고자 선택한 것은 에니어그램 Enneagram과 NLPNeuro Linguistic Programming이다. 에니어그램은 사람을 9가지 성격으로 분류하는 성격 유형 지표이자 인간 이해의 틀이고, NLP 심리학은 전 세계적으로 유행하는 신경 언어 프로그램으로 코칭 상담과 심리 치료 외에도 성공학과 기업 경영 및 관리, 교육, 의료, 예술, 스포츠 등의 분야까지 넓게 통용된다. NLP를 배우면서 만난 박 원장과 배 원장, 정 소장과도 사업적인 측면, 인간적인 측면에서 끈끈한 정을 주고받고 있다. 비즈니스와 경영자 코칭에 대한 것은 CMOE의 최 박사를 만나면서 실전을 통해 배웠다.

기업 경영이든 개인의 삶이든 마케팅이 중요한 과제라서 세계적으로 유명한 쉬플리Shipley 프로그램 강사 과정도 수료했다. 제안과 입찰에 관한 전략을 수립하고 성공적인 가치를 창출하는 프로세스로 구성되는데, 김 대표가 함께 고생했다. 아울러 단기 과정인 매일경제신문 지식 경영 아카데미, 전경련 법정 관리인 과정도 수료하는 등 기회가 있으면 어떤 교육이든 참여하여 배우려고 노력했다. 학사고시를 마치고 한국기술교육대학교의 유 박사 추천으로 HR대학원에 입학해서 1학기를 다닌 것도 좋은 배움의 장이었다. 천안이라는 지리적 여건 때문에 겨우 1학기만 다니고 포기했지만, 당시 만난 이은철 박사는 평생의 동지가 되었다.

인생 3막과 4막

내 인생을 연극 무대에 비유하면 등장(연습 무대), 제1막, 제2막, 제3막, 제4막, 퇴장(앙코르 무대)으로 구분할 수 있다. 우선 연습 무대는 태어나서 15살이 될 때까지가 될 것이다. 부모 덕분에 초등학교를 졸업하고 중학교에 다닐 수 있었으나, 중학교를 다 끝내지 못하고 도중에 등록금을 들고 가출하면서 나의 인생 제1막이 시작된다.

인생이라는 연극의 제1막 제1장은 15살부터 25살까지로 중학교 중퇴 후 가출해서 소년원을 거쳐 엿장수, 과일행상, 포장마차, 화장품 외판 등 사회적 밑바닥 생활을 할 때까지로 구분된다. 이 시기는 아무것도 없으면서 그냥 맨몸으로 사회에 적응하려고 애썼다. 제1막 제2장은 25살부터 35살까지로 결혼해서 아들을 낳고, 화물차 운전, 택시 운전을 하면서 겨우 먹고사는 것을 해결한 기간이다.

제2막 제1장은 35살부터 45살까지로 공인노무사 시험에 합격해서 노무사 활동을 열심히 한 것은 물론이고 22평짜리 아파트를 처음으로 분양받은 시기이다. 내 집에서 집주인 눈치 안 보고 마음 놓고 떠들 수 있는 행복을 만끽했다. 인간으로서 가장 기본적인 의식주를 처음으로 해결한 것이다. 노동법과 노사관계에 대한 책을 쓰고 강의를 다니면서 경제적으로 안정을 유지했다. 제2막 제2장은 45세부터 55세까지로 노무사로서 최고 전문가로 자리 잡은 시기이다. 리더십과 인간관계, NLP 프로그램과 마케팅 프로그램을 공부했다. 아파트도 조금 크게 늘리고 은퇴 후 내려갈 준비를 하고 있다.

제3막 제1장은 55세부터 65세까지로 석세스 내비게이터십Success Navigatorship 프로그램과 책을 세상에 내고, 이것을 대한민국을 비롯해 전 세계로 확산시킬 것이다. 강의와 TV 출연은 물론 지구촌 어디에서든 내 프로그램이 상시로 운영될 수 있는 기반을 마련할 예정이다. 아울러 석사, 박사 학위를 받고 법학 전문대학원을 마친 후 변호사 자격도 취득한다. 기회가 된다면 한의사 자격시험에 도전해서 한의사가 될 생각이다. 제3막 제2장은 65세부터 75세까지로 현역에서 은퇴한 후 언덕 위에 하얀 집을 짓고, 좋아하는 글을 쓰며, 서예와 여행 등 취미 생활을 즐긴다. 가끔은 무료 건강 상담, 무료 법률 상담, 무료 노동 상담, 무료 강의를 통해 사회봉사 활동을 하며 3막을 마무리한다.

제4막 제1장은 75세부터 85세까지로 시, 소설, 수필, 그림, 사진은 물론이고 여행기, 고전 번역 등을 통해 100권의 책을 내며 100권 출판기념회도 개최한다. 제4막 제2장은 85세 이후로 이것은 덤으로 사는 여생이라서 특별한 계획은 세우지 않았다. 그리고 퇴장(앙코르 무대)은 언제가 될지 모르겠지만, 천상병 시인의 표현대로 소풍 끝내는 날 가서 "아름다웠노라!"라고 외칠 것이다.

누구도 내 연극을 대신할 수 없다. 인생 연극 제3막을 시작하면서 남들이 은퇴를 애기할 때, 나는 새로운 시작을 꿈꾼다. 늦은 건 없다. 오늘은 남은 인생의 첫 번째 날일 뿐이고 인생 제3막이 올라가는 날이다. 맥아더 장군은 77세에 한 연설에서 "신념이 있으면 젊고, 의심이 있으면 늙습니다. 자신감이 있으면 젊고, 두려움을 가지면 늙습니다. 희망을 품으면 젊어지고, 절망을 가지면 늙습니다."라고 했다. 나도 신념과 자신감, 희망을 품고 제3막을 시작하고 싶다.

세상은 시간, 공간, 인간으로 구성되어 있다. 시간과 공간은 씨줄과 날줄처럼 엮여서 무한대의 시공간인 우주를 이루고 있다. 그 속에서 인간은 만물의 영장이자 우주 시공간의 주역으로서 역사를 만들어가고 있다. 이러한 시간, 공간, 인간을 天地人이라고 하며, 삶을 바꾸고 싶으면 삼간(三間)을 잘 조절하고 준비해야 한다.

　장자의 3가지 우화에도 여름벌레, 우물 안 개구리, 생각이 비뚤어진 선비가 나온다. 여름벌레에게 아무리 얼음을 설명해도 이해하지 못하는 것은 여름만 사는 생명체이기 때문이며, 우물 안 개구리에게 넓은 바다를 설명해도 이해하기 어려운 이유는 좁은 우물이 세상의 모든 것이기 때문이다. 생각이 비뚤어진 선비에게 아무리 도를 설명해도 이해하지 못하는 것은 자신만의 아집에 빠져 있기 때문이다.

　결국 과거를 바탕으로 미래를 준비하고 현재에 충실한 시간을 보내면서, 자신이 사는 이 우주 공간을 아름답게 만들려는 노력과, 긍정적인 사고를 통해 올바른 생각을 확산시키려는 인간의 열정이 세상을 아름답게 만들게 된다.

[Action Plan]

61) 준비(Preparation)
 – 사전 준비를 철저히 하라.

62) 정신(Spirit)
 – 강한 정신력을 가지고 혼을 쏟는 생활을 하라.

63) 노력(Effort)
 – 공짜를 바라지 말고 스스로 노력해서 얻어라.

64) 팔로워십(Followership)
 – 다른 사람과 함께 일하는 팔로워십을 키워라.

65) 직관(Intuition)
 – 자신의 직관을 믿어라.

66) 미래 예측(Future)
 – 5년 후, 10년 후, 20년 후의 미래를 설계하라.

67) 끈기(Patience)
 – 절대로 포기하지 말라. 1만분의 1이라도 포기하지 않는 끈기를 길러라.

68) 프로페셔널(Professional)
 – 수입의 10% 이상을 자기 자신에 투자하라.

69) 역발상(Weird Ideas)
 – 역발상 전략을 적절하게 활용하라.

70) 변화(Change)
 – 변화를 생활화하고 매년 새로운 이력을 추가하라.

My Enthusiasm
(열정)

식지 않는 열정으로 스스로 땀을 흘려라.

피와 땀과 눈물만이 성공과 행복을 보장한다.

열정적이지 못한 인생은

살 가치가 없다.

열정적이지 못한 삶은

시험해 볼 가치도 없다.

세월은 피부를 주름지게 한지만

열정을 저버리는 것은

영혼을 주름지게 한다.

−더글러스 맥아더

8th Wheel
My Enthusiasm
(열정)

짧은 가방끈을 늘이다

가방끈이 짧다는 것은 큰 자랑이 아니다. 그럼에도 내 인생 항해에서 짧은 가방끈은 공부에 대한 욕심과 성공에 대한 열정을 더 크게 만들었다.

내 학력은 중학교 중퇴에서 끝이 났지만, 독학으로 공인노무사 시험에 합격하고 검정고시와 학사고시를 거쳐 대학원에 진학한 것은 공부 욕심, 일 욕심이 많은 탓이다. 그리고 가방끈이 짧기에 어떻게 해서든 가방끈을 늘이려는 노력이 필요했다. 모든 것이 풍족한 사람은 아무것도 없는 사람의 절박함을 잘 모른다. 없는 사람은 하루하루의 삶이 절박하다. 내 인생 항해도 그런 절박함 속에서 시작되었다.

가난하고 못 배운 어린애가 할 수 있는 일은 몸으로 때우는 게 전부였다. 장사 밑천이 없으니 번듯한 가게를 내기도 어렵고, 그래서 기껏 생각해낸 것이 노점상, 야채장사, 행상, 포장마차, 엿장수, 고물장사가 고작이었다. 배운 것이 없으니 번듯한 직장에도 들어가지 못하고 농장, 목장, 화물차 운전, 택시 운전이 삶의 전부였다. 가난은 불편할 뿐 죄가 아니라고 하지만, 지독한 가난은 나를 전과자로 만들었다. 배고픈 어린애가 할 수 있는 일이라곤 훔치는 것밖에는 없었다는 것이 서글픈 내 연극의 시작이다.

　가난하고 못 배운 것이 나에게 주어진 운명이라면, 그 운명에 그냥 굴복하고 사는 것과 그 운명에 정면으로 부딪히는 것 두 가지 방법이 있었다. 나는 운명에 정면으로 도전하기로 했다.

　가난을 벗어나는 길은 돈을 많이 버는 것인데, 장사에는 소질이 없었으니 좋은 직장이나 좋은 직업을 가지는 것이 급선무였다. 그러려면 짧은 가방끈을 늘여야 했다. 가방끈이 짧은 상태에서 좋은 직장을 찾거나 좋은 직업을 갖는다는 것은 모래밭에서 바늘을 찾는 것과 같이 힘든 일이었다. 내가 악착같이 공부에 매달린 것도 따지고 보면 공부 이외에 잘하는 것이 없었기 때문에 좋은 직업을 가지기 위한 호구지책이었는지 모른다. 먹고살기 위해서 열심히 공부하다 보니 좋은 직업도 얻게 되고 또 열심히 일하다 보니 가난에서도 벗어나게 된 것이리라.

중·고·대학을 2년 만에 졸업하다

나도 현재는 법학박사 학위를 받아 가방끈이 꽤 길어졌지만, 얼마 전까지만 하더라도 중학교 중퇴가 학력의 전부였다. 중학교와 고등학교 그리고 대학교까지 모두 검정고시와 학사고시를 통해 마치고 대학원에 진학했으니 내가 다닌 정규 과정은 초등학교와 대학원뿐이다. 환갑 이전에 박사 학위를 받기로 마음먹고 처음 시작한 것이 고입 검정고시였다.

내 나이 쉰 살이던 2005년 8월 고입 검정고시를 마치고, 2006년 4월 대입 검정고시를 통과했다. 그리고 2007년 11월 대졸 검정고시인 학사고시(독학사)를 마무리했으니까 약 2년 만에 중·고·대학을 모두 끝낸 것이다. 그것도 강의와 컨설팅, 책 출간, 자문 등 일상적인 업무를 모두 보면서 이룬 것이라 더 큰 의미가 있다. 2018년 2월 드디어 고려대학교 일반대학원에서 박사학위를 받게 되었으니 환갑의 나이에 박사 학위를 받겠다는 약속이 지켜진 것이다.

실제로 고입이나 대입 검정고시, 학사고시에 직접 투자한 시간은 총 10일을 넘지 않는다. 고입 검정고시는 시험 하루 전날 기출 문제집을 풀어본 것이 전부였지만, 대부분 100점 만점을 받았으며 수학과 과학이 몇 개 틀려 평균 95점대를 넘겼다. 대입 검정고시도 시험전 이틀 동안 기출 문제집을 중심으로 출제 경향만 파악하고 시험장에 들어갔는데 평균 90점대를 유지했다. 학사고시에서 1학년 과정은 공인노무사 자격으로 자동 면제되었고, 2학년 과정은 6월에, 3학년 과정은 8월에, 4학년 과정은 11월에 각각 시험으로 모두 끝냈다. 다행히 법학과를 선택했기에 사법 시험 때 공부한 것이 도움이 되어 큰 어려움은 없었다.

다만, 마지막 졸업 시험만이 학점으로 인정되었는데 준비할 시간이 많지 않아 최종 학점은 B-에 그쳤다. 이렇게 고입 검정고시 1일, 대입 검정고시 2일, 학사고시 2학년 과정 2일, 3학년 과정 2일, 4학년 과정 2일을 공부에 투자했으니까 10일이 채 되지 않는다.

기간으로는 총 2년, 공부한 날짜로는 10일을 넘기지 않고 중·고·대학 과정을 모두 통과한 것은 어찌 보면 47년이란 긴 세월의 준비 과정이 있었기 때문에 가능한 일이었다.

정규 교육 과정은 1971년 중학교 중퇴로 끝났지만 혼자 독학으로 40년을 꾸준하게 공부한 것이 바탕이 되어 짧은 기간 안에 가방끈을 늘일 수 있던 것이지, 단순히 하루아침에 이루어진 것은 아니다. 또한, 학력은 없지만, 공인노무사 시험과 사법 시험 등 다른 사람이 보면 무모할 정도로 저돌적인 도전이 있었기에 가능했다.

오르지 못할 나무는 사다리라도 놓고 올라가는 도전 정신이 짧은 가방끈을 늘여준 일등공신이다. 만약 40년의 긴 준비 기간이 없었더라면 언감생심 석·박사는 꿈도 꾸지 못했을 것이다. 흔히 사람들은 기회를 기다리고 있지만, 기회는 기다리는 사람을 용케도 비켜간다. 기회를 기다리지 말고 기회를 얻을 수 있는 실력과 깡다구를 길러야 한다.

쉽게 얻는 것은 없다

조상과 부모의 보살핌이 필요한 청소년기가 겨울에 해당한다면, 자신이 자신의 길을 찾아가는 20~30대는 봄이 될 것이다. 그리고 가장 열심히 일하는 40~50대는 여름이고, 황혼에 접어드는 60~70대는 가을로 볼 수 있다. 인생은 스스로 자신의 밭을 갈고 씨를 뿌리고 가꾸고 거두는 농사와 비교된다. 농부의 발걸음 소리에 곡식이 크고 잘 익어가는 것과 마찬가지로 자기 인생도 자신의 발걸음을 어디로 향하게 할 것인가가 중요하고 자신이 얼마나 땀을 흘리느냐에 따라 좌우된다.

농사를 잘 지으려면 겨울에 좋은 거름을 밭에 뿌려 두어야 한다. 퇴비 없이 화학 비료만 사용하는 농사는 오래가지 못한다. 곡식이 성장하려면 좋은 토지에 적절한 영양분을 충분히 공급해야 하는데, 이 영양분은 씨앗을 심기 전에 미리 준비해야 한다.

사람에게는 조상과 부모의 영향이 곧 거름이고 퇴비이다. 좋은 집안에서 좋은 학교에 다니는 것도 결국은 좋은 인재로 성장토록 밑거름을 주는 것이다. 왕대나무에서 왕대나무 난다는 옛말이 틀리지 않은 이유이다. 따라서 사람에 대한 투자는 미래 인재를 양성하는 거름이 되는 것이므로 장기적인 안목이 필요한 소중한 작업이다.

좋은 토지와 좋은 거름이 있더라도 봄에 씨를 뿌리지 않으면 아무것도 얻을 수 없다. 때 맞춰 파종하는 것이 중요하다. 때를 놓치면 싹이 나지 않거나 제대로 성장하지 못한다. 그러면 가을에 알찬 수확도 불가능하다.

논농사를 예로 들어보면, 중부 지방에서는 하지 이후에 모심기한 벼는 서리가 내리기 전에 다 여물지 못해 쭉정이가 된다. 인생도 쭉정이가 되지 않고 알찬 결실을 맺으려면 10대, 20대, 30대에 열심히 씨를 뿌려야 한다. 열심히 공부하고 열심히 일하는 것이 바로 그것이다.

좋은 토지와 거름, 좋은 씨앗을 뿌렸다고 하더라도 여름에 곡식이 쑥쑥 자라 주어야 한다. 물과 햇빛이 좋아야 하는 것은 당연하고, 농부가 풀도 뽑고 이랑을 북돋아 주는 등 땀을 흘려야 한다. 땀 흘리지 않고 농사가 잘되기를 바라는 것은 공짜로 먹겠다는 심보에 불과하다. 인생도 마찬가지여서 자신의 노력으로 땀을 흘리는 것이 중요하다. 자신의 인생은 자신이 책임지는 것이므로 스스로 노력해 도전하고 이루어나가는 것이 아름다운 삶이다. 그런데 열심히 땀 흘려도 안 되는 경우가 있다. 농부가 아무리 열심히 일해도 태풍이 오거나 폭우가 쏟아지는 천재지변 앞에서는 어쩔 수 없듯이 사람의 힘으로 어쩔 수 없는 상황에 부딪힐 수도 있다. 그럴 때는 '하늘은 스스로 돕는 자를 돕는다'는 서양 속담을 상기하며 자신의 노력으로 최선을 다하면 얼마든지 극복할 수 있다.

겨울에 거름 내고, 봄에 씨 뿌리고, 여름에 땀 흘려야 가을에 수확할 수 있듯이 인생이라는 연극도 봄·여름·가을·겨울로 구성된 4

막의 시나리오로 볼 수 있다. 인생 4막은 자신이 무대를 만들고 자신이 쓴 시나리오를 자신이 연기하는 하나의 멋진 연극이다.

동상과 견경완증후군

나는 지금까지 일하면서 크고 작은 질병 4가지를 얻었다. 택시 운전을 하면서 척추 디스크로 고생했고, 한겨울에 영하 20도나 되는 사무실에서 책을 쓰다가 발에 동상이 걸렸고, 컴퓨터 작업을 많이 하여 어깨가 칼로 째는 듯이 아픈 견경완증후군으로 발전했으며, 강의 때문에 목을 많이 쓰다 보니 성대 결절이라는 진단을 받았다. 이 모두 인생이라는 연극에서 얻은 자랑스러운 훈장이다. 그만큼 몸을 사리지 않고 열심히 일하고 공부했다는 것을 증명하는 증거일 테니….

척추 디스크는 좁은 차 안에서 온종일 택시 운전을 해야 하는 직업 특성상 어쩔 수 없이 생긴 질병인데, 무리하면 요즘도 가끔 재발하곤 한다. 그래도 지금은 육체적으로 힘을 쓰는 막노동이 아닌 강의와 컨설팅을 주 업무로 하기에 강약을 조절하면 크게 걱정할 정도는 아니다.

그런데 동상과 견경완증후근, 성대 결절은 공인노무사를 하면서 얻은 것이라서 여전히 고통을 겪으며, 이젠 늘 함께하는 친구와도 같다. 어릴 적 내 별명이 '미련곰퉁이'였듯이 미련하게 참는 성격이 그

렇게 만든 것이리라.

동상은 1996년 12월 노동법 날치기 통과가 발단이 되었다. 나에게는 학벌을 극복하고 공인노무사로서 사회 인정을 받을 수 있는 절호의 기회였으므로 가장 먼저 개정법에 대한 해설서를 내기로 목표를 세웠다.

1월의 강추위 속에서 집에도 들어가지 않고 사무실에서 먹고 자며 작업한 지 꼬박 열흘 만에 800페이지에 가까운 책 원고를 완성했다. 작업에 몰두하느라 추운지 더운지도 모르고 오직 원고 쓰는 데만 매달리다 보니 책상 밑으로 난로의 훈기가 미치지 않는다는 것을 미처 몰랐다. 그렇게 열흘을 보내고 세상에 책이 나오고 나서야 발이 퉁퉁 부어오른 것이 보였고 발가락의 통증을 느꼈다. 동상에 걸린 줄 까맣게 모른 채 밤낮 가리지 않고 열심히 일한 덕분에 누구보다도 빨리 책을 냈으니, 결국 그 동상이 최고의 공인노무사, 최고의 노동법 강사라는 타이틀을 얻게 한 것이다.

견경완증후군은 컴퓨터로 원고와 강의안 작업을 하는 과정에서 오른손으로 마우스를 주로 사용하면서 생긴, 어깨 근육이 칼로 째는 듯 심한 통증을 동반하는 질병이다.

평소 조금씩 자료를 수집하고 준비를 하는 편이지만, 아무래도 책이 마무리되거나 강의안을 제출할 때면 밤샘 작업을 많이 한다. 마우스로 클릭하는 작업이 많을수록 어깨 근육에 피로감은 더욱 쌓이고,

그것이 도를 넘어 견경완증후군이라는 진단을 받기에 이르렀다. 별다른 치료 방법이 없어서 아프면 그냥 쉬거나 정 바쁘면 왼손으로 작업할 수밖에 없다.

성대 결절은 강의를 많이 하면서 얻은 질병이다. 평소 목 관리도 잘 못 한 데다 하루에도 두세 군데씩 전국으로 강의하러 다니는 무리한 스케줄 때문에 어느 날 갑자기 말을 한마디도 못 하는 상황에 몰렸다.

강의로 먹고사는 사람이 말을 못 한다는 것은 그야말로 사형 선고나 진배없었다. 의사는 당분간 말을 하지 말고 쉬면서 지내라고 했다. 그렇게 하지 않으면 성대를 수술해야 한다는 경고와 함께. 다행스럽게도 1개월간 강의를 중단하고 아무 말도 하지 않고 지내자 말을 할 수 있게 되었다. 그러나 예전의 좋은 목소리는 끝내 찾지 못했다.

동상, 견경완증후군, 성대 결절은 결국 다 내가 자초한 것이다. 피할 수 없으면 즐기라는 말과 같이 나는 이를 피하기보다 내 연극을 함께하는 친구로 생각하고 즐거운 마음으로 생활하고 있다. 그런 것도 없이 이 험한 세상에서 먹고산다는 것은 사치스러운 생각일 뿐이다. 모든 사람은 다 자신의 몸과 마음을 투자해서 세상과 소통하는 것이며, 그렇기에 가끔은 희생이 따르기도 한다. 그 희생이 너무 크다 싶으면 다른 직업을 찾거나 아니면 은퇴를 고려해야 한다.

내 인생의 주인공

내 인생은 내 것이지 남이 대신 살 수는 없는 노릇이다. 앓아누운 주인 한 명이 머슴 열 명보다 낫다는 옛말도 있다. 무슨 일이든 자신의 일로 생각하고 스스로 주도적인 행동을 하는 사람들만이 세상을 바꾼다.

빌 게이츠는 "가난하게 태어난 것은 당신 잘못이 아니지만, 가난하게 죽는 것은 당신 책임이다.If you born poor, it's not your mistake. But if you die poor, it's your mistake"라고 했다. 중국 당대의 선승 임제 선사는 『임제록』에서 '수처작주 입처개진隨處作主 立處皆眞'을 말했다. 어느 곳에 있든, 그곳 주인이 되어야 한다는 뜻이다. 그러기 위해서는 항상 마음의 고삐를 단단히 잡아야 한다.

구경꾼에게는 모든 것이 남의 일이지만, 무대에 서는 주인공은 자신이 그 연극을 끌고 가야 한다. 인생 항해를 남의 손에 맡기는 사람은 자신이 원하는 곳으로 갈 수 없다.

공인노무사는 기업의 노사관계 전략과 실행에 대한 자문, 컨설팅을 할 기회가 많다. 그럴 때마다 나는 먼저 '내가 만약 이 기업의 경영자라면 어떻게 할 것인가?'라는 근본적인 질문을 스스로에게 한다. 내가 단순히 돈을 받고 컨설팅만 하는 구경꾼이 아니라 내가 이 기업의 주인이라면, 이 기업의 노동자라면 어떤 결정을 할 것인지 고민하고 심사숙고해서 자문과 컨설팅을 한다. 그렇지 않고 거래 관계라는

계산적인 생각만 앞세운다면 결코 오래가지 못하는 단기적인 처방에 그치게 된다.

모임이나 인간관계에서도 주인공과 구경꾼은 생각이 다르다. 노동연구원 노사관계 고위 지도자 과정을 수료한 후 산악회를 조직하고, 이를 바탕으로 총동창회를 활성화하려 할 때도 나 스스로 이 모임의 주인공이라고 생각하다 보니 모든 일에 적극적으로 참여하는 열정을 보이게 되었다.

그 열정이 지금까지 이어져 15년 이상 노고지산악회는 매월 열리는 등산 모임을 통해 친목과 우정을 다지고 있으며 노고지총동창회 역시 크게 확대 운영되고 있다. 노고지총동창회에서 만난 인연에는 소중한 분들도 많다.

박홍섭 회장님은 항상 큰 형님처럼 자상하게 내 일을 돌보아 주신다. 출판기념회 때는 호스트가 되셔서 저명한 인사들을 직접 초청하고 축사를 부탁하여 자리를 빛내 주셨다. 윤조덕 박사는 함께 두주불사의 정신으로 모임이 끈끈한 정이 넘치도록 도와주었다. 그밖에 다른 노고지 동문과도 좋은 관계를 유지하고 있다. 그것은 결국 나 스스로 주인공으로 노고지총동창회 무대에 섰기 때문이리라.

내가 주인공이 되어야 한다. 나는 이것을 어릴 적 목장에서 일꾼 노릇을 할 때 터득했다. 목장은 새벽부터 밤늦게까지 일에 치여 사는 곳이다. 사료 주고, 똥 치우고, 젖 짜고, 배달하고, 풀 베는 일이 일상이다. 남의 일을 하는 머슴이지만, 머슴으로 생각하고 일을 하면 하루하루가 너무 지겨웠다. 목장을 떠나 공장이나 다른 일을 하고 싶어지는 것도 당연했다.

그래서 마음을 바꿔 먹고 내가 이 목장의 주인이라고 생각하기 시작했다. 그랬더니 놀랍게도 모든 일이 신나고 재밌어졌다. 풀을 많이 베어 소에게 잘 먹이면 젖이 많이 나오고, 깨끗하게 우사를 치우면 소가 병에 안 걸리고, 빨리 배달하면 우유가 상하는 일이 없고 등등 좋은 일만 떠오르니 일이 힘들기는커녕 절로 콧노래가 나올 정도였다. 마음 하나 바꾸었을 뿐인데 세상은 달라진 모습으로 나에게 다가왔다. 그렇다! 나는 내 인생 항해의 선장이며, 내 연극의 주인공이다. 재미있는 것을 찾으면 열정이 생긴다. 열정이 넘치면 다른 사람에게 인정받고 어떤 분야에서든 대가 소리를 듣는다. 다만, 꿈에 대한 열정의 크기는 노력의 양에 비례한다는 사실을 잊지 말자.

[Action Plan]

71) 열정(Enthusiasm)
- 열정을 가진 전문가가 돼라.

72) 성실(Sincerity)
- 열심히 일하고 성실하다는 평가를 얻어라.

73) 영감(Inspiration)
- 1%의 영감을 믿고 99%의 땀을 흘려라.

74) 오너십(Ownership)
- 어디서든 내가 사장이라는 주인 의식으로 무장하라.

75) 기록(Record)
- 항상 기록과 메모를 하고, 이를 컴퓨터에 저장하라.

76) 결단력(Decisiveness)
- 즉시 실행할 수 있는 결단을 보여라.

77) 긍정적 태도(Positive Attitude)
- 긍정적인 생각과 말을 하라.

78) 고객(Customer)
- 고객을 위한 가치 창출을 하라.

79) 헌신(Devotion)
- 가족, 사회, 국가를 위해 헌신하라.

80) 열망(Aspiration)
- 큰 열망을 가져라.

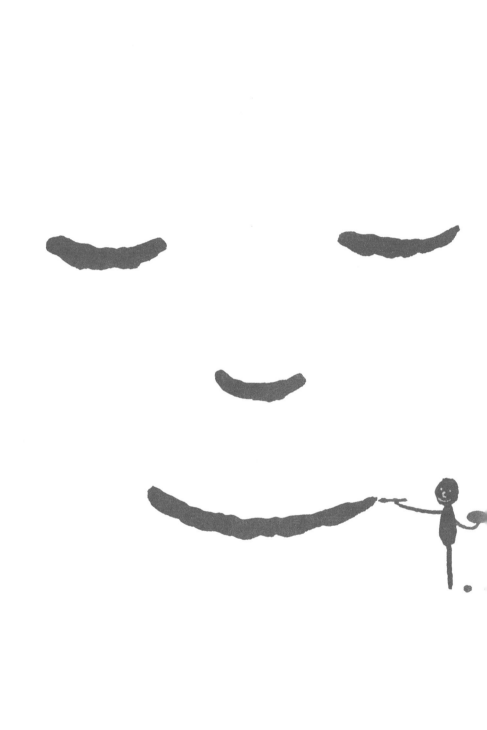

9th
The Meaning of Life
(삶의 향기)

가난하게 태어난 것은
당신 잘못이 아니지만,
가난하게 죽는 것은
당신 책임이다.

–빌 게이츠

The Meaning of Life
(삶의 향기)

삶의 목적함수와 수단 매체의 일치

우리 삶에 정도_{正道}는 과연 있는가? 윤석철 교수의 책『삶의 정도』를 보면 '수단 매체'와 '목적함수'라는 두 개 개념으로 인간 삶을 얘기한다. 인간이 발전시킨 수단 매체는 육체적, 정신적, 사회적 차원에서 도구 개념을 가지고 있다.

인간은 바이러스나 병균처럼 아주 작은 것도, 시야를 벗어나는 아주 큰 것도 볼 수 없다. 인간은 들어 올릴 수 있는 무게, 달릴 수 있는 속도, 맹수들과 싸울 수 있는 근육의 힘에도 한계가 있다. 이러한 한계를 확장하기 위한 도구를 개발하기 시작한 것이 바로 석기, 청동기, 철기 등 인류 문화사의 시대 구분이 되었다. 도구의 수준은 처음

물질적 차원에서, 지식과 지혜 같은 정신적 차원 그리고 신뢰성과 인간적 매력 같은 사회적 차원으로까지 점차 발전했다.

시대와 환경 변화에 따라 인간은 자기가 사용하는 수단 매체를 그것에 맞게 개선해 나가야 한다. 그렇지 못하는 개인이나 조직은 세월의 흐름, 환경의 변화 속에서 쇠락할 수밖에 없다. 이것이 역사 속 흥망성쇠의 법칙이다.

인간의 일생은 '일Work의 일생'이라고 한다. 따라서 일이 행복해야 인생이 행복하다. 인간은 일해야 살 수 있는 존재이므로, 일은 인생에서 매우 중요하다. 따라서 사람들은 일할 때, 그것을 잘하는 방법을 생각한다. 수단 매체가 고도화될수록 인간의 삶과 일의 방식은 그만큼 간접적이 된다.

지능이 발달한 일부 유인원은 껍질이 단단한 열매를 먹기 위해 돌(자연석)을 사용했다고 한다. 이때 유인원에게 돌은 수단 매체이며, 그들의 삶의 방식은 돌을 사용하는 만큼 간접적이 된다. 인간은 돌을 수단 매체로 사용한 석기 시대로부터 지속적으로 이러한 수단 매체를 고도화시켜 왔다. 이를 '물질적 수단 매체'라고 한다.

세상에는 인간의 눈으로 보지 못하고 손으로 만질 수도 없지만, 인간이 하는 일의 실현 가능성과 생산성을 높일 수 있는 수단 매체가 존재한다. 인간이 개발한 지식과 지혜 등이 그 예이며, 이런 유형을 '정신적 수단 매체'라고 한다.

지식 정보 혁명은 인간의 생활을 비약적으로 발전시켰다. 인간은 혼자서는 살아가지 못한다. 로빈슨 크루소는 소설 속에서나 존재할 뿐, 실제 세계에서는 존재할 수 없다. 인간은 공동체 또는 조직을 만들어, 그 속에서 살아갈 수밖에 없는 사회적 동물이기 때문이다. 가정, 직장, 국가, 국제 사회 같은 조직이 모두 공동체이다. 이러한 공동체 속에서 잘 적응하고 협동하며 원만하게 살아가려면 수단 매체가 필요하다. 이런 유형을 '사회적 수단 매체'라고 한다. 신뢰성, 인격성, 개방성은 한 사회가 건강하게 발전하기 위한 기초 개념이다.

인간은 삶의 질을 높이고, 더 나은 미래를 창조하기를 소망한다. 이런 소망의 달성은 그에 필요한 수단 매체의 한계에 의해 제약을 받는다. 수단 매체의 한계에 따라 인간 소망의 달성 수준이 결정된다는 말이다. 이처럼 달성 수준이 변수가 되는 소망을 '목적함수'라고 부른다.

이러한 목적함수가 인생의 성패를 좌우한다. 학창 시절부터 확실한 목적함수를 가지고, 그것을 위해 부단히 노력하는 친구들은 나이 들어서 소위 성공한 그룹에 속한다. 반대로 자신의 목적함수가 무엇인지도 모르는 상태에서 학창 시절을 흐지부지 보낸 친구들은 나이 들어서 확실한 직업도 없이 고생한다.

일반적으로 인생살이, 기업 경영 등 삶의 모든 영역에서 목적함수의 유무 그리고 목적함수의 확실성 여하가 성공과 실패를 갈라놓는다.

인간이 아무리 훌륭한 수단 매체(재산, 지식, 재주 등)를 가져도, 그것을 활용하여 어떤 가치를 창출할 목적함수가 빈약하다면 그 수단 매체는 무용지물이 된다. 반대로 아무리 드높은 목적함수가 있어도, 그것을 실현할 수단 매체가 없다면 그 목적함수 역시 실현되지 못하고 무용지물이 된다.

따라서 인간이 계획한 일을 성공으로 이끄는 필요조건은 목적함수를 정립하고, 그 목적함수에 가장 적합한 수단 매체를 선택하는 것이다. 이는 목적함수와 수단 매체 사이에 적합성, 이른바 '궁합'이 중요하다는 의미이다.

인간의 사회적 삶은 '주고받음'을 기본을 한다. 고객에게 줄 수 있으면 반대급부를 받을 수 있으므로, '줄 수 있으면 살(생존할) 수 있다'는 말까지도 가능하다. 주고받는 것을 생존 부등식으로 표현한다면 직장에 다니는 개인은 노동이라는 서비스를 '주고(제공하고)' 그 직장으로부터 급여(임금)라는 보상을 '받는다'. 이때 직장은 이 개인을 고용할 만한 '가치'가 있다고 느껴야 그를 계속 고용할 것이고, 이 개인은 자신이 받는 급여가 자신의 생계비보다 커야 살아갈 수 있다.

생존 부등식을 만족시키지 못하면 기업이 패망하는 것처럼 개인도 생존 부등식을 만족시키지 못하면, 결국 존재 가치를 인정받지 못하는 처지가 될 것이다. 인간은 시간 속을 살아가는 존재로서 어제 뿌린 씨앗을 수확해 오늘을 살아야 하고 내일의 결실을 위해 오늘 사과나무 한 그루를 심어야 한다. 그것은 스스로 목적함수를 정립한 뒤,

이를 달성하기 위한 수단 매체를 준비하고 축적하는 일(작업)일 것이다. 이것이 인간 삶의 숙명인 동시에 정도正道이다.

잡노마드 시대와 셀프 내비게이터

아이폰에서 시작한 스마트폰이 우리 사회를 혁명적으로 바꾸어 놓고 있다. 움직이는 사무실, 24시간 일하는 사회, 일과 삶의 경계가 사라지고 모바일 기기만 있으면 세계 어디든 다니면서 활발히 활동할 수 있는 잡노마드Job Nomad 시대를 맞고 있다.

우리는 이러한 변화의 소용돌이 속에서 살아남기 위해 스스로 자기 창조 경영자, 1인 CEO가 되어야 한다. 또한, 자기 자신을 브랜드화하고 셀프 내비게이터가 되어야 한다. 다른 사람과 다른 무언가를 개발해서 독특한 브랜드로 키우지 못하면 언제든 도태될 수 있는 것이 1인 CEO이다. 스스로 모든 것을 결정하고, 인생 항로를 개척해야 한다. 어떻게 살아가야 하는지에 대한 근원적인 답도 자기 자신이 찾아야 한다. 자신의 일을 관리하고, 스스로 판단을 내리고, 자신과 자신이 속한 그룹 혹은 단체에 독립심과 자기 결단 그리고 자기 충족성을 제공해야 한다.

병아리가 스스로 알을 깨고 나오면 하나의 멋진 생명체가 되지만, 남이 깨 주면 계란 프라이에 그치는 것과 같다.

학교에서 우등생이라고 해서 자동으로 사회에서도 우등생이 되는 것은 아니다. 부모덕에 좋은 환경에서 좋은 성적을 얻어 좋은 학교에 간 경우라면 사상누각이 될 수도 있다. 온실 속에서 자란 화초는 온실을 벗어나면 매서운 한파를 견디지 못한다. 세상은 학교도 아니고 온실도 아니다. 좋은 직장이라 하더라도, 그 직장의 명성이 곧 자신의 브랜드가 되지는 않는다.

따라서 자신만의 차별화된 고유 브랜드를 만들어야 한다. 어느 분야에서든 자신만의 것을 찾아라. 그리고 죽을 만큼 열심히 하라. 그러면 자신의 이름이 신문에 오르내리고, 세간에 퍼져 나갈 것이다. 학교를 졸업하고 취업한 이후에도 직장인에게 계속해서 자기 계발을 요구하는 이유도 그 때문이다. 샐러리맨Salary man과 스튜던트Student의 합성어인 '샐러던트Saladent'란 말이 유행하는 것도 시대 흐름을 반영한 것이다. 나이나 학력 등에 상관없이 미래를 준비하고 빠르게 변화하는 시대를 따라가려면 적극적인 자기 경영이 필요하다. 여유 시간을 활용하여 지금 무언가를 준비하지 않는다면, 5년, 10년 뒤 준비한 사람들과 확연한 격차를 좁힐 수 없을 것이다.

자기 계발은 개인의 경쟁력이며 나아가 국가 경쟁력이 된다. 너무 많은 것을 욕심내기보다 자기가 관심 있는 한 분야를 지속적으로 계발하는 것이 중요하다.

직장인 지식 포털 사이트에서 남녀 직장인 966명을 대상으로 설문 조사한 바에 따르면, 직장인 100명 중 15명가량이 하루에 2~3시간 정도 자기 계발을 위해 힘을 쏟는 것으로 나타났다.

취업 전문 사이트 조사에서도 20%가 하루에 2시간가량 투자한다고 답했고, 8%는 3시간 이상 쏟아 붓는다고 말했다. 직장인들이 자기 계발에 몰두하는 이유는 현재에 대한 고민에서 출발한다. 낮은 연봉과 언제 잘릴지 모르는 불안감에서 벗어나 높은 보수와 안정적인 작업 환경, 전문가라는 명예를 동시에 얻기 위해 자기 계발이라는 방법을 선택한다. 하지만 대다수는 중도에 포기하고 만다. 셀프 내비게이터의 꿈은 쉽게 얻어지는 게 아니다.

셀프 내비게이터는 스스로 자기를 경영하는 사람이다. 남의 강요에 의한 것도 아니고, 타인의 모델을 맹목적으로 추종하는 것도 아닌, 외부 요구와 자신의 역량을 충분히 고려하여 가장 적합한 변화 모델을 스스로 만들어 나가야 한다.

지금은 1인 CEO 시대이며 전문가를 존중하는 시대이다. 하지만 1인 CEO가 되는 길은 결코 쉽지 않다. 1인 CEO는 스스로 모든 것을 계획하고 책임져야 한다. 전문가로 활동하려면 탄탄한 실력이 우선이다. 실력을 갖춘 다음에 전문가로 나서야 성공할 수 있다. 실력이 있다고 자만하고 사무실에만 앉아 있으면 아무도 알아주지 않는다. 스스로 자신을 홍보해야 한다. 그러나 아무리 잘나가는 전문가라고 하더라도 기본 인성이 갖춰지지 않으면 아무 소용없다. 남의 문화에 대한 이해도가 높고, 약속을 철저히 지키는 배려형 인재만이 셀프 내비게이터로 성공할 자격이 있다.

작가 빅터 한센은 "긍정의 힘이 리더로서 자기 계발의 원천이다." 라고 했다. 그는 한국에서 열린 강연에서 긍정적 사고를 기르는 가장 좋은 방법은 책을 많이 읽고 미래에 관한 기대를 일기로 적는 것이라고 했다.

국내 기업의 최고경영자들이 자기 계발을 위해 일주일 동안 투자하는 평균 시간은 5시간 정도이다. 이는 한 시사 주간지가 국내 최고경영자 100명을 대상으로 실시한 설문 조사 결과인데, 응답자의 94%가 자기 계발에 적극적인 직원들이 일도 잘한다고 평가했다. 직원들의 자기 계발은 궁극적으로 기업 전체의 경쟁력을 높이는 원동력이 된다.

그래서 실제로 많은 기업이 개개인의 능력을 향상시킬 수 있는 환경 마련에 다양한 방식으로 지원을 아끼지 않는다. 개인에게 자기 계발은 자신의 브랜드 가치를 높이기 위한 미래 지향적 투자로 볼 수 있다. 그렇다고 자기 계발을 하지 않으면 도태된다는 불안감에 책에 제시된 이론이나 많은 사람이 하는 방식 그대로를 따라 해서는 성공적인 결과를 얻기 어렵다. 자기만의 방식을 찾아내는 노력이 결국 성공적인 셀프 내비게이터가 되는 지름길이다.

자기 계발이 개개인의 잠재력과 결부하여 좋은 결과로 나타나려면 하고자 하는 개인의 노력과 실천이 중요하다. 자기 계발은 자기 계발서에서 나오는 것이 아니라 오히려 자기 자신과의 진지한 대화 속에서 자신의 참모습을 찾고 부지런히 학습하는 과정에서 이룰 수 있다.

‘비전을 가져라’ ‘목표를 세워라’ ‘일의 우선순위를 정하라’ ‘시간 관리를 철저히 하라’ 등 항상 책에 나오는 말을 ‘읽는 것’에 그치지 말고, 이를 계획하고 몸소 실행하는 것이 중요하다.

다시 말해 삶의 변화는 ‘남이 들려주는 좋은 말씀’이 아니라, 바로 자신에 대한 충분한 고민과 치열한 성찰 그리고 그에 대한 실행에서 나오는 법이다.

자신을 믿고 자신을 좋아해야 한다. ‘나는 왜 이럴까?’ 하는 의심보다 ‘나는 대단한 사람이다’ 또는 ‘나는 뭐든지 잘하는 사람이다’라는 자기 최면을 걸어야 한다. 이 세상에 나보다 더 소중한 것은 없다. 자신과의 약속을 소중히 지키는 것이 셀프 내비게이터의 첫걸음이다.

이상철 광운대 총장은 “멀미가 심한 사람도 자기가 모는 차에서 멀미하는 법은 없다. 인생도 마찬가지로 자기가 주도적으로 운전하면 아무리 오르막, 내리막이 있어도 멀미를 하지 않는다.”라고 자기 주도적인 삶을 애기했다.

일과 삶의 균형

WLB, 일과 삶의 균형Work and Life Balance은 ‘근로자가 일과 개인 생활을 모두 잘해내고 있다고 느끼는 상태’를 말한다. 일과 개인 생활간 균형을 맞추기 위해 설계된 제도를 'WLB 프로그램'이라고 하며 '가족 친화적 제도Family-friendly policy'라고도 부른다. WLB에 대한 관심이 높아지는 이유는 우수 인재 확보와 직원에 대한 동기 부여, 이를 통한 생산성 향상을 도모하기 위해서라고 한다.

대한상공회의소의 조사 자료 〈가족 친화 경영 현황과 과제〉를 보면 조사 대상 기업의 61.2%는 '가족 친화 경영이 기업 성과를 올리는 데 도움이 된다'라고 답했다. 기업 성과에 도움이 되는 이유로 '종업원 만족도가 높아져 생산성이 올라간다'가 가장 많았다. WLB는 무엇보다도 여성의 경제 활동을 촉진시켰다. 저출산에 따른 기업 인력 부족 현상을 해소하는 데 기여하며, 결국 일과 가정의 조화는 우수 여성 인력의 사회 진출을 돕는 촉매제 역할을 했다.

우리는 생존과 더 나은 생활을 위해 직업을 가지고 돈을 버느라 개인 생활은 포기해야 할 때가 많다. 새벽부터 밤늦게까지 가족이 생존할 밑천을 벌기 위해 정신없이 뛰어다녀야 하는 직장인이 대부분이다. 더 나은 생활을 위해 열심히 일은 하는데, 과연 우리의 삶이 그 목표처럼 더 나아지는지 종종 분별이 가지 않는다.

오히려 돈을 더 버느라 개인과 가족의 삶은 더 팍팍해지는 것은 아닌지 순서가 뒤바뀐 느낌도 든다. 출근 만원 버스 안에서 피곤함에 지쳐 잠든 샐러리맨을 보면서 일과 생활 두 가지 모두를 잘하라고 말하는 것은 너무 무리한 요구는 아닌지 생각하게 된다.

어떤 사람은 아직 더 일해야 하는 시기라고 말한다. 하루 벌어 하루 먹는 상황에서 개인 생활과 가족생활의 만족까지 찾는다는 것은 오히려 사치에 속한다고 반박할 수도 있다.

국민 소득이 2만 달러를 넘었다는 얘기도 들리지만, 예나 지금이나 아침에 비몽사몽 간에 만원 버스, 지옥철을 타고 직장에 출근하여 힘든 하루를 보내고 저녁에 피곤한 몸으로 잠자리에 드는 직장인에게 WLB는 먼 나라 얘기라고 허허 웃는 사람도 있다. 이구백(20대의 90%가 백수), 청백전(청년 백수 전성시대), 88세대(88만 원 월급으로 만족해야 하는 세대)에 젊은이들이 희망을 상실하고 있다는 얘기도 들린다.

우리는 행복한 삶을 위해 일하지만, 치열한 경쟁에서 살아남아야 하고 사오정(45세가 실제 정년), 오륙도(56세까지 회사에 있는 사람은 도적)가 회자되는 상황에서 본인이 원하든지 원하지 않든지 일의 노예 또는 일 중독자로 변신할 수밖에 없다. 생계를 꾸려나가는 것과 삶을 꾸려나가는 것, 이 두 가지를 병행하는 것이 점점 더 어려워지고 있다. 돈을 벌기 위한 일과 삶의 나머지 부분의 균형을 이루기 위한 힘든 싸움이 여기저기서 벌어진다. 돈을 많이 벌려면 개인 생활을 희생해야 하기에 일과 삶의 균형은 어긋난다. 그렇다고 삶의 질만 높이려고 일을 하지 않는다면 반대로 전체 삶의 질이 떨어지는 문제가 발생한다.

일과 삶의 균형은 개인 문제가 아니라 사회 문제이고 기업 문제이다.

근로자들이 행복한 삶을 유지하지 못한다면 기업 성과에 기여하지 못하는 결과가 발생할 수 있기 때문이다. 근로자들의 행복한 삶을 지원하여 주는 것도 기업의 사회적 책임 중 하나이다. 결국, 기업이라는 것도 근로자들이 열심히 행복하게 일할 때 성장이라는 과실을 얻을 수 있는 사회적 조직이다.

기업의 사회적 책임이라는 측면에서 국내 기업들은 근무 형태를 유연화하거나 가족 대상 프로그램, 개인 신상 지원 등을 통해 WLB에 접근하고 있다. 아직 외투기업과 대기업이 주요 관심 대상이지만, 일부 중소기업도 적극 도입에 나서고 있다. WLB를 통해 종업원 만족도가 높아지고 생산성이 높아지기를 기대하는 것이다. 아울러 우수 인력을 유치하고 기업 이미지를 높이는 데도 상당한 효과를 거두고 있다고 한다. 이러한 WLB의 성패는 기업의 경영 전략이 사람 중심으로 바뀌는 것이 전제되어야 한다.

사람을 수단으로 인식하고 효율성 위주의 경영 전략을 버리지 못한다면 WLB는 성과를 거두기 어렵다. WLB 프로그램의 성공적인 완성을 위해서 CEO의 사람 존중 경영 철학과 근로자의 직업 소명감이 함께해야 한다. 개인의 행복한 삶과 기업의 지속적 성장이 WLB 프로그램을 통해 이루어지도록 제도와 시스템 정비가 필요하다.

일과 삶의 균형은 국가적으로도 중요하다. 좋은 일자리를 많이 만들어서 적은 시간 일하면서도 여유 있는 삶을 즐길 수 있는 환경을 조성해야 한다. 새벽부터 밤늦게까지 죽으라고 일만 해야 먹고살 수 있는 사회에서 WLB는 가진 자들의 호사에 불과하다. "열심히 일한 당신 떠나라!"라는 광고와 마찬가지로 열심히 일하면 여유 있는 삶을 보장하는 사회가 진정한 국민 소득 2만 달러 시대의 삶이다.

싱귤래러티 사회

세상이 정신없이 변하고 있다. 농경 시대에 100년에 걸쳐 이루어 진 변화가 정보화 시대인 오늘날에는 불과 하루 만에 이루어지는 엄청난 흐름 속에 우리는 살고 있다.

농업 혁명 시대는 3,000년, 산업 혁명 시대는 300년, 정보 혁명 시대는 30년 만에 지나간다고 한다. 시대의 흐름은 적어도 10배 이 상 빨라지고 있다. 이런 상태라면 다가올 창조 지식 혁명은 눈 깜짝 할 사이에 지나가 버릴 것이다. 마치 롤러코스터를 탄 것처럼 정신을 차릴 수 없을 정도이다.

다른 나라가 300년에 걸쳐 이룩한 경제적 성과를 대한민국은 30~40년 만에 달성한 저력을 가지고 있다. '압축 성장'을 통해 비약 적인 경제 발전을 이룬 것이다. 1963년 1인당 국민 소득은 100달러였 는데, 1995년에 1만 달러를 넘었고 2007년에 2만 달러에 진입했다.

경제적·정치적 후진국에서 중진국에 도달했다. 여기서 흔들리면 선진국의 꿈은 멀어진다. 20세기 들어서 미국과 유럽을 제외하고 선진국 대열에 합류한 나라는 일본뿐이다. 여러 나라가 선진국의 문턱에서 주저앉았다. 이를 '중진국 증후군'이라고 한다. 우리도 자칫 정신 차리지 않으면 중진국 증후군에 막혀 좌절을 맛볼 수 있다.

변화의 소용돌이는 래프팅과 비슷하다. 지금까지 상황이 잔잔한 호수에서 한가롭게 노를 젓는 놀이였다면, 이제부터는 물살이 급한 계곡에서 래프팅을 타는 것과 같다. 잔잔한 호수에서는 노를 젓지 않아도 바람결에 배가 흘러간다. 위기의식을 가질 필요도 없다. 커피를 마실 수도, 노래를 부를 수도 그리고 잠시 쉬거나 망중한을 보낼 수도 있다.

그러나 래프팅은 상황이 다르다. 물결이 언제 어떻게 바뀔지 모른다. 느닷없이 앞에 장애물이 나타날지도 모른다. 모든 구성원이 긴장하고 함께 래프팅을 해야 한다. 빠른 물살에 적응하고 살아남으려면 힘을 합쳐야 한다. 그렇지 않으면 전복되거나 바위에 부딪혀 산산조각이 나고 만다. 잔잔한 물결의 평화로움을 동경하지만, 이미 빠르고 거친 소용돌이 속으로 들어와 있다. 물살을 거슬러 잔잔한 호수로 올라갈 수 없다. 농담하거나 커피를 마실 여유도 없고 노 젓기를 멈출수도 없다. 우리에게 선택은 살아남아서 계속 래프팅을 하느냐, 아니면 포기하느냐 하는 것만 남아 있다.

그런데 여기서 포기는 곧 죽음을 의미하기 때문에 포기도 불가능하다. 소용돌이치는 물살을 헤치고 계속해서 내려가야 한다. 변화를 거부하거나 거스르는 것은 생각할 수도 없다. 우리를 온갖 장애물이 방해한다. 빠른 물살 외에도 군데군데 돌부리와 소용돌이가 괴롭힌다. 가끔 크나큰 폭포가 나타나기도 한다. 모든 구성원이 힘을 합치지 않으면 함께 떨어져 죽을 그런 폭포가 앞에 있다. 지금과 같은 경쟁 상황이라면 머지않은 장래에 엄청난 낭떠러지와 폭포가 나타날 것이다. 여기서 우리는 전략적 선택을 해야 한다.

앞으로 올 미래의 소용돌이를 이해하고, 그 미래에 투자해야 한다. 특히 향후 우리는 글로벌 경쟁과 글로벌 시민 사회 그리고 창조 지식이 복합적으로 엮어진 시대를 살아갈 것이다.

인공 지능 사회, 드림 소사이어티, 돌봄 경제 시대, 우주 시대가 중첩적으로 밀려오고 있다. 지금 우리에게는 새로운 마인드가 필요하다. 서로서로 존중하는 정직한 사회를 만들고, 제도권의 도움 위에 자기 스스로 행복한 미래를 열어가는 마인드를 갖추어야 한다. 즐겁고 행복하면 효율적으로 일하게 되고, 돈을 더 벌 수 있다. 그런 사람이 많을수록 그만큼 더 풍요로운 사회가 될 것이다.

싱귤래러티Singularity는 세계적인 석학 커즈와일R. Kuzweil이 『특이점이 온다Singularity is Near』(2005)라는 책에서 제시한 개념이다. 본래는 천체물리학에서 블랙홀 내 무한대 밀도와 중력의 한 점을 뜻하는 용어이나, 커즈와일은 사회 경제적으로 '너머를 알 수 없는 커다란 단속적 변화가 이루어지는 지점'이란 의미로 사용한다.

이러한 싱귤래러티의 특성으로 정보 기술의 힘이 기하급수적으로 증가하고, 컴퓨터가 인간 지능을 능가하며, 나노 기술과 로봇 기술의 접합으로 등장한 미크론(100만분의 1미터) 단위의 극소한 나노 로봇이 인간의 노화뿐 아니라 몸속에서 아주 많은 역할을 담당하는 것 등을 들 수 있다.

2030년쯤이면 지금과 같은 형태의 국가는 완전히 소멸하고, 세계 정부가 탄생할 것이라고 노르웨이 〈국가 미래 보고서 2030〉은 예측했다. 미래학자 폴 라스킨 역시 2032년 세계 헌법의 탄생을 예측했으며, 그쯤에는 로봇이 사람보다 많아지는 사이보그 시대가 개막될 것이란 예측도 있다.

2050년에 백인 인구는 세계 인구의 2% 정도만 유지될 것이다. 반면, 아시아 인구는 56억 명을 넘어설 것이며 지구촌은 저출산 고령화 문제로 몸살을 앓을 것이다. 인터넷으로 성적 오르가슴까지 느낄 정도로 첨단 과학 기술이 발전하여 인류를 바꿀 것이란 예측, 2012년쯤엔 유학이 필요 없어지고 지구촌 사이버 대학이 많이 늘어날 것이란 예측, 미래 사회는 여성성이 뜬다는 예측까지, 책을 비롯해 (사)유엔미래포럼 및 (사)미래포럼 박영숙 한국 대표가 전하는 미래 뉴스들엔 설득력 높은 내용이 대부분이다.

2008년 식물인간이 된 한 남자가 2030년에 다시 깨어나 경험하는 세상은 어떨까. 과학기술부와 한국과학기술기획평가원KISTEP이 과학기술 예측 조사와 미래 과학 기술 아이디어 공모전 결과를 근거로 작성한 〈2008년 남자, 2030년 여자〉 시나리오는 놀랄 만한 변화를 보여준다. 시나리오에 따르면 앞으로 20여 년 후면 석유를 대체할 수소연료전지 사용이 활발해지고, 위치 기반 서비스LBS 기능을 갖춘 디지털 안경이 지금 휴대전화처럼 흔해진다.

디지털 안경은 기본적으로 사용자에게 위치 정보를 제공하고, 사용자가 쇼핑이나 학습을 할 때, 그때그때 필요한 정보를 실시간으로 제공한다. 학생들은 이 안경을 쓰고 삼차원으로 제공되는 학습 정보를 보면서 공부할 수 있다. 인간에 비해 몇 배나 센 힘을 낼 수 있는 입는 로봇Wearable robot이나 지능형 초소형 센서Smart dust도 흥미를 끈다. 입는 로봇은 공상 과학 영화인 〈매트릭스〉와 〈로보캅〉에서 이미 유사한 형태로 소개된 적이 있다.

기계적인 시스템을 적용하여 엄청나게 무거운 짐을 옮기는 등 사람 힘으로 수행하기 어려운 임무를 완수한다. 지능형 초소형 센서는 거의 먼지 크기만 한 스마트 센서로 건축물이나 교량 등에 부착돼 안전 관련 정보 등을 송신하는 기능을 수행한다. 의료 분야에서도 적지 않은 변화를 예상한다. 몸에 부착한 작은 칩이 탄생에서 사망에 이르기까지 모든 의료 정보를 저장하여 통합된 의료 서비스를 받을 수 있다.

향후 비즈니스는 세계적으로 단일 시장이 진행될 것이다. 따라서 국내에만 머무는 우물 안 경쟁은 의미가 없다. 세계적인 무한 경쟁 시대에서 살아남기 위해 노동력의 국제적 이동이 자유로워짐에 따라 직업에 맞추어 유랑하는 현대판 잡노마드Job Nomad가 늘어날 것이다.

따라서 기업은 글로벌 HR 시스템을 구축하여 출신 국가에 구애받지 말고 유능하고 성과를 내는 인재를 확보하는 등 지속적으로 핵심 인재를 관리해야 한다. 아울러 저출산 고령화 사회가 본격적으로 시작되고, 청년 실업도 우려할 만한 수준으로 높아지고 있다.

88만 원 세대니, 재수 없으면 100살까지 살아야 되느니 하는 푸념이 남의 일이 아니다. 우리는 청년 실업과 고령화 사회에 대한 합리적인 대안을 제시해야 한다. 개인의 욕구와 조직의 바람을 조화시키는 통합적인 기업 경영 시스템이 미래 모습이다. 개인의 행복과 성공을 지원함으로써 조직도 성장하는 통섭의 사고가 기업 경영의 기본 이념이 되어야 한다.

신뢰는 기본이다

남극 땅에 버려진 8마리의 썰매 개 이야기를 그린 〈남극 이야기 Eight Below〉는 인간과 썰매 개의 신뢰를 바탕으로 한 영화다.

갑작스러운 기상 악화로 남극을 떠나면서 그동안 정을 나누었던 8마리의 썰매 개를 남극 기지에 버려둔다. 어쩔 수 없이 철수해야 하는 상황에서 대원들은 개들한테 돌아오겠다는 약속을 남기고 떠난

265

다. 이렇게 버려진 8마리의 썰매 개는 대원들을 기다리며 추위와 배고픔, 악천후 속에서 생존을 위해 처절한 사투를 벌인다. 그로부터 175일이 지나 개들을 찾으러 온 대원들에 의해 개들은 구조된다. 이 영화에서 보여주는 것은 끈끈한 우정으로 묶인 개와 인간의 서로를 향한 믿음과 신뢰이다.

사람 사이에서도 신뢰는 가장 기본 덕목이다. 그리고 약속은 꼭 지켜야 한다. 지키려고 하는 것이 약속이고, 약속을 지키는 것이 신뢰이다. 따라서 지키지 못할 약속은 아예 하지 않는 것이 예의다.

신뢰는 사람사이의 관계에서만이 아니라 자기 자신에 대해서도 마찬가지이며 동물이나 신과의 관계에서도 중요한 매개체이다. 흔히들 선진국과 후진국의 차이는 신뢰의 점수로 매겨진다고 한다. 정부에 대한 신뢰, 기업에 대한 신뢰, 상품에 대한 신뢰가 곧 그 국가의 품격을 결정한다.

한 취업 포털 사이트에서 재직 중인 남녀 직장인 1,581명을 대상으로 실시한 여론 조사에서 응답자의 80%(1,265명)가 '한국 사회를 불신한다'고 답했다. '한국 사회를 신뢰한다'고 답한 직장인은 7.4%에 불과했다. 불량 식품에서부터 다단계 사기까지 사기꾼과 협잡꾼이 늘어나는 세상에서 믿을 사람 하나 없다는 푸념은 누구에게나 통용되는 말이 되고 있다.

신뢰는 다분히 자기 예언Self-fulfilling적인 특성을 지닌다. 내가 상대를 믿으면 상대 또한 그렇게 하며, 상대를 불신하면 상대방도 그러한 기대에 맞추어 반응한다. 가는 기대가 적으면 상대에게서 받는 신뢰도 적은 것이다.

신뢰는 사회를 지탱하는 1차적인 요소이다. LG경제연구소에서 발간한 「미래 기업의 핵심 가치, 고객의 신뢰」라는 제목의 보고서도 장기적으로 믿을 수 있는 기업이 되어야 함을 강조한다. 즉, 언행일치의 철학과 투명한 프로세스 구축이 고객의 지속적 신뢰를 확보하는 방법이라는 것이다.

보고서는 전 세계 유제품 산업을 강타한 멜라민 파동, 유명 완구사 마텔의 중금속 장난감 리콜 사태, 서브프라임에서 촉발된 금융위기 등을 신뢰를 무너뜨린 대표 사건으로 꼽았다. 이와는 반대로 1980년대 존슨앤존슨이 타이레놀 제품과 관련하여 보여준 신속한 대응은 모범 사례로 제시했다. 존슨앤존슨은 독극물이 주입된 약으로 사망 사고가 발생하자, 언론을 통해 신속히 사과하고 해당 지역뿐 아니라 미국 전역에서 그 제품을 긴급히 회수했다. 이를 계기로 회사는 더 큰 신뢰를 얻었다.

옛날 사람들도 신뢰에 최우선의 가치를 두었다. 공자의 충직한 제자로 훗날 노나라 재상이 된 자공子貢이 어느 날 공자에게 물었다. "정치란 무엇입니까?" 공자가 답변했다. "백성의 양식이 넉넉하고 국방력이 튼튼하면서 백성이 믿도록 해야 잘하는 정치이다." "어쩔 수 없이 세 가지 중 하나를 버린다면 맨 먼저 무엇을 버릴까요?" 자공의

물음에 공자는 "군대"라고 했다. "나머지 두 가지 중 어쩔 수 없이 하나를 버린다면, 이번엔 무엇이 먼저입니까?" 다시 자공이 묻자, 공자는 "양식"이라고 답했다. 『논어』에 실린 내용이다.

다산 정약용도 『논어고금주』에서 '백성이 믿어 주지 않으면 나라가 제대로 설 수 없다民不信不立'는 공자의 가르침대로 정치의 으뜸은 백성의 신뢰이지, 부유함이나 국방이 우선일 수는 없다고 했다.

신뢰가 존재할 때는 강력한 힘이, 신뢰가 존재하지 않을 때는 예기치 못한 여러 문제점이, 신뢰가 배신당했을 때는 상당한 고통이 따라온다.

우리 사회에 팽배한 불신의 문제는 어제오늘의 일이 아니다. 신뢰가 무너진 사회는 불안하다. 관계를 맺고 살아가는 우리 사회에서 신뢰란 인간관계의 기초를 형성하기 때문이다. 마음 놓고 거리를 걸어 다니는 것, 복잡한 길을 운전하고 다니는 것도 서로 신뢰가 있기에 가능한 일이다. 믿음직함, 안정성, 일관성 및 예측 가능성의 구성 요소인 신뢰는 우리 삶에 두루 영향을 미친다. 신뢰는 또한 사람들을 하나로 묶어주는 접착제 역할을 하기도 한다.

미국 필라델피아 오케스트라는 중국에서 연주한 최초의 서양 관현악단이다. 핑퐁외교가 일으킨 해빙 바람을 타고 1973년 '죽竹의 장막'을 넘었다. 상임 지휘자 유진 오먼디가 단원들과 함께 공연장을 돌아볼 때 마침 중국 교향악단이 연습하고 있었다. 베토벤 교향곡 5

269

번을 연주했는데 영 보잘것없는 수준이었다. 1악장을 마친 중국 지휘자가 오먼디에게 한 수 가르침을 청했다. 오먼디가 지휘봉을 잡자 놀라운 일이 벌어졌다. 연주가 갑자기 훌륭해진 것이다. 중국인 단원들조차 이것이 과연 자신들의 연주인가 의심할 정도였다. 필라델피아 단원들 또한 입이 벌어졌다.

위대한 마에스트로의 진가를 재확인하고, 그와 함께 연주한다는 자부심을 느꼈던 것이다. 이런 게 신뢰의 리더십이다. 지휘봉 하나로 평범한 연주자들의 잠자던 재능을 일깨우는 마법은 신뢰가 있기에 가능했다. 신뢰는 방향성 있는 행동력이다. 중국 연주자들이 오먼디를 믿지 않았다면, 그의 지휘봉 끝을 열심히 따르지 않았을 것이다.

광동제약의 최수부 회장도 "경영자가 돈을 얻으면 조금 얻은 것이요, 명예를 얻으면 많이 얻은 것이요, 신용을 얻으면 모든 걸 다 얻은 것이다."라고 했다. 신용과 진정한 웃음 그리고 친절한 말이 최고의 자산이다.

버킷 리스트와 적자생존의 법칙

"만약에 당신의 생존 여명이 3개월밖에 남지 않았다면, 지금 이 순간 당신이 가장 하고 싶은 일은 무엇입니까?"라는 질문에 어떻게 답할 것인가. 영화 〈Bucket List〉가 그 해답을 제시한다. 버킷 리스트란 죽기 전에 꼭 하고 싶은 일들을 적은 목록을 뜻하는 말이다.

현재의 삶을 돌아보고 미래를 준비하기 위한 것으로, 그 속에 담긴 철학적 의미로 인해 많은 사람에게 인생이 무엇인가를 느끼게 하는 작품이다.

카터 체임버스는 갑작스레 찾아온 병으로 병원에 입원하고 그러던 어느 날, 대학 신입생이던 시절 철학 교수가 죽기 전에 꼭 하고 싶은 일, 보고 싶은 것들을 적은 '버킷 리스트'를 만들라고 했던 일을 떠올린다. 하지만 46년이 지나 모든 꿈을 접고 자동차 정비사가 된 그에게 '버킷 리스트'는 이제 잃어버린 꿈의 쓸쓸한 추억이자, 가끔 떠올리고 지워 보는 놀이에 불과했다.

한편, 재벌 사업가인 에드워드 콜은 돈 안 되는 '리스트'에는 관심이 없다. 돈을 벌고 사업체를 늘리기에 바쁜 그는 인수 합병이나 고급 커피 외에 자신이 원하는 게 무엇인지 생각할 겨를이 없다. 그러던 어느 날, '병원은 스파가 아니므로 예외 없이 2인 1실'이라는 에드워드의 철칙 때문에 에드워드와 카터는 같은 병실을 쓰게 된다. 너무나 다른 두 사람이지만, 서로에게서 중요한 공통점 두 가지를 발견한다. 나는 누구인가 돌아보고 정리할 필요가 있다는 것, 그리고 남은 시간 동안 하고 싶던 일을 해야겠다는 것.

인생 뭐 있어? 폼 나게 즐기다 가는 거야!! 의사의 만류에도 병원을 뛰쳐나간 두 사람은 '리스트'를 행동으로 옮긴다. 타지마할에서 세

렝게티까지, 최고급 레스토랑에서 허름한 문신집까지, 구형 스포츠 카에서 프로펠러 비행기까지 함께 만든 리스트를 들고 열정적인 모험을 시작한다. 광대하고 아름다운 세상 속에서, 그들은 목록을 지워 나가기도 하고 더해 가기도 하면서 누구나 풀어가야 하는 어려운 문제들과 씨름한다. 그 와중에 그들은 진정한 우정을 나누게 된다. 웃음, 통찰, 감동까지도. 인생에 속도를 내기 위해서는 때론 '데드라인'이 필요하다.

인생의 기쁨을 찾는 데 늦은 때란 없다는 것을 몸소 보여준 용감한 사람들의 모험을 통해 '우리가 가장 많이 후회하는 건 살면서 한 일이 아니라 하지 않은 일이다'라는 메시지를 전한다.

무엇이 중요한지 깨닫고 최선을 다해 그 목표를 추구하는 일은, 나이가 몇이든 어떻게 살든 누구에게나 필요한 일이다. 누구나 '버킷 리스트'가 있을 수 있다. 누구나 사랑 받고 싶듯이 누구나 이루고 싶은 꿈이 있다. 하지만 우리는 종종 일상에 갇혀 원치 않는 방향으로 간다. 서글프지만 살면서 꿈을 좇기란 쉽지 않다. 〈Bucket List〉는 한 발 나아가 꿈을 이룰 용기를 내는 두 사람의 이야기이다.

성공에 관련된 자료를 보면 미국 사람의 95%가 자기 인생의 목표를 종이에 적어 본 적이 없고, 단지 5%만이 자기 인생의 목표를 적어 놓았다고 한다.

외국의 사례뿐 아니라 실제 교육이나 강의를 다녀 보아도 꿈이 있다는 사람은 얼마 되지 않는다. 더구나 목표를 구체적으로 정한 사람은 5% 미만이다. 게다가 현재의 생활이 그 목표를 이루기 위한 생활이라고 답한 사람은 1% 미만이다.

명확한 목표는 자신을 스스로 변화시키는 강력한 동기 부여가 된다. 목표가 분명한 사람은 조금의 망설임도 없이 거침없이 자신의 목표를 적고, 불필요한 군더더기 없이 목표를 말할 수 있다.

헨리에트 앤 클라우저Henriette Anne Klauser는 『종이 위의 기적 쓰면 이루어진다』라는 책에서 "삶은 당신이 기록한 대로 펼쳐진다. 내가 할 수 있었으니 당신도 할 수 있다. 가장 중요한 것은 믿음이다. 종이와 펜을 잡고 일단 쓰기 시작하면 머지않아 당신은 당신이 바라는 대로 진짜 그렇게 된다."라고 했다.

'적자생존의 법칙'도 있다. 다윈이 얘기하는 적자생존適者生存이 아니라 글로 적는 사람이 살아남는다는 원칙을 말한다.

열망을 쏟아 부어서 적은 메모 한 장, 글 한 줄은 물론이거니와 무의식중에 적어 보았던 단어 몇 자에도 모두 에너지가 담겨 있다. 그 에너지가 결국 사람과 세상을 움직인다. 그래서 강력한 열망을 담은 메모 하나로 미래를 바꾸고 운명을 바꾼 사람들이 있는 것이다.

영화 한 편당 2천만 달러라는 어마어마한 출연료를 받는 영화배우 짐 캐리도, 세계 2,000개 이상의 신문에 〈딜버트〉 만화를 연재하는 스콧 애덤스도 모두 종이에 소원을 쓰는 것으로 인생을 바꾸는 마법을 실제로 실현해 낸 사람들이다.

기본기를 갖춰라

기업을 경영하면 반드시 사람이 필요하고, 그 사람들이 '본데'와 '싸가지'를 가지고 있어야 지속적인 성장이 가능하다.

그러면 본데와 싸가지 있는 인재는 어떤 사람인가? 본데와 싸가지는 기본기를 갖춘 경우를 말한다. 본데는 순수한 우리말(보아서 배운 범절이나 지식 또는 솜씨)이지만, 싸가지는 표준말은 아니고 방언(앞으로 잘 트일 만한 낌새나 징조의 의미가 있는 '싹수'의 방언)에 해당한다. 기업에서 가장 중점적으로 보아야 할 본데와 싸가지는 무엇인가? 몇 가지로 추려 보면 열정Enthusiasm, 배려Respect, 전문성Expert, 독립성Independence, 도전 정신Challenge, 고객 성공Customer이다.

첫 번째는 일에 대한 '열정'이 있어야 한다. US Steel의 찰스 슈왑 회장은 "사람에게 열정이 있으면 무슨 일을 해도 성공할 수 있다."라고 했다. 일을 단순히 돈벌이 수단으로만 인식하는 사람은 성장 가능성이 없다. 기업에 부채로 작용할 사람으로, 다른 곳에서 조금만 급여를 더 준다고 하면 쉽게 떠날 사람이다.

일을 통해 성취감을 느끼고 삶의 보람을 찾는 인재가 진정한 인재다. 칭기즈칸에서 열정을 빼면 양치기 소년에 불과하다는 광고를 다시 떠올려볼 필요가 있다. 열정을 가진 인재가 기업 성장의 밑바탕이 된다.

두 번째는 상대를 존중하는 '배려'가 있어야 한다. 다른 사람을 배려하지 않고 혼자만 잘났다고 하는 사람은 헛똑똑이다. 조직은 절대 혼자 잘한다고 생존하는 단순한 산수 게임이 아니다. 자연 과학적인 산수는 1+1=2이지만, 인간 사회에서는 1+1=100이 될 수도 있고 1+1=0이 될 수도 있다. 인간은 사회적 동물이므로 다른 사람을 존중하고 다른 사람과 함께 동반자적 관계를 맺고 살아갈 수밖에 없다.

동료를 존중하고 상사와 부하를 존중하는 배려 문화가 기업이라는 조직을 성장시키는 활력소이다. 아울러 협력 업체와 경쟁 업체를 비롯한 이해 관계자 집단을 배려하는 것도 중요한 요소이다.

세 번째는 경쟁력의 바탕인 '전문성'을 갖추어야 한다. 예전에는 이것저것 다 잘하는 사람이 필요했지만, 이제는 자기의 전문 분야에서 두각을 나타내는 전문가가 성과를 내는 세상이다.

무한 경쟁, 국제 경쟁 시대에 전문성이 없는 사람은 기업 성장에 걸림돌이 된다. 자기의 전문 분야에서는 박사에 부럽지 않은 실력과 고집을 겸비해야 한다. 그렇다고 다른 분야를 배척하는 것이 아니라 다른 분야도 이해하면서 자기의 전문 분야에서 최고의 전문가가 되어야 한다.

네 번째는 스스로 처리하는 '독립성'을 가져야 한다. 현대 사회는 모든 근로자가 스스로 사장이 되어야 한다. 복잡한 업무 처리 과정에서 일일이 지시 감독받고 결재를 받아 처리한다면 경쟁에서 뒤처질 수밖에 없다. 자기가 맡은 일은 스스로 사장이라 생각하고 일 처리를 해야 한다.

법 이론상 지시 감독을 받아 비자주적으로 근로를 제공하는 자를 근로자라고 하지만, 현실적인 면에서 시키는 일만 하는 비자주적인 사람은 기업 성장에 걸림돌일 뿐이다. 스스로 사장이 되어야 한다.

다섯 번째는 과감히 시도하는 '도전 정신'이 있어야 한다. 기업을 둘러싼 환경은 치열한 경쟁 상황에 처해 있다. 새로운 도전을 하지 않는다면 내일의 생존을 보장할 수 없다. 도전은 두려운 존재이지만, 도전하지 않으면 성장은커녕 살아남기조차 어렵다. 아흔아홉 번 실패하더라도 다시 1백 번 도전하는 자세가 기업의 지속적 성장을 보장한다. 도전하지 않으면 위험은 없는 대신 살아남지 못하고, 도전하면 위험은 있지만 생존할 수 있다.

여섯 번째는 고객을 중심으로 하는 '고객 성공'의 마인드를 갖추어야 한다. 기업은 고객이 모든 것이다. 고객을 위해 기업이 존재하고 기업을 위해 사람이 존재한다. 고객에 대한 가치관도 '고객 만족'과 '고객 감동'을 넘어 '고객 성공'의 단계로 발전하고 있다. 고객을 성공시키지 못하는 기업은 생존이 어렵다. 모든 것을 고객 성공에 초점을 맞추어야 한다.

모든 것이 풍족하고 자식은 하나 혹은 둘만 키우는 현실에서 본데와 싸가지 있는 인재를 찾기란 쉬운 일이 아니다.

특히 성적 지상주의와 학벌 만능주의가 판치는 이 사회에서 기업이 원하는 본데와 싸가지 있는 인재를 뽑는다는 것은 사막에서 바늘 찾기만큼 어려운 일이다. 그렇다고 포기할 수는 없다. 쓸 만한 인재를 찾기 어렵다면 기업이 그런 인재를 키우는 것이 또 하나의 방법이다.

쓸 만한 인재를 찾아내는 것은 경영자의 복이지만, 쓸 만한 인재를 키우는 것은 경영자의 사회적 책임이다. 대한민국은 부가가치를 창출하거나 다른 나라에 팔아서 돈이 될 만한 천연자원이 하나도 없는 자원 빈국이다. 오로지 인적 자원만이 대한민국을 살릴 밑천이다. 그렇다면 기업은 이러한 인적 자본에 과감히 투자해야 한다. 인적 자본을 늘리는 것이 대한민국이 지속적으로 성장하는 길이며, 그 속에서 기업도 생존하고 글로벌 무한 경쟁에서 추락하지 않는 길이다.

행복의 조건

행복한 삶에는 어떤 공식이 존재하는가? 하버드대학교 연구팀은 1930년대 말에 입학한 2학년생 268명의 삶을 72년 동안 추적하면서 이 질문에 대한 답을 찾았다. 조지 베일런트가 쓴 『행복의 조건』이라는 책이 그 과정을 설명한다.

젊은 시절의 행복은 일, 돈, 사랑 등 다양하겠지만, 인생의 황혼기에 신체적, 정신적으로 건강한 노화를 예견하는 7가지 조건은 고통에 대응하는 성숙한 방어 기제, 교육, 안정된 결혼 생활, 금연, 금주, 운동, 알맞은 체중이다. 50대에 이르러 그중 5~6가지 조건을 충족한 하버드 졸업생 106명 중 절반은 80세에도 '행복하고 건강한' 상태였고, 7.5%는 '불행하고 병약한' 상태였다. 반면, 50세에 3가지 미만의 조건을 갖추었던 이들 중 80세에 '행복하고 건강한' 상태에 이른 사람은 아무도 없었다.

행복하고 건강한 삶을 살아가는 이들은 대부분 '성숙한 방어 기제(소소하게 불쾌한 상황에 부딪히더라도 심각한 상황으로 몰아가는 일 없이 긍정적으로 전환할 수 있는 능력)'를 가지고 있었지만, 불행하고 병약한 삶을 살아가는 이들에게서는 찾아보기 어려웠다. 50세에 지녔던 성숙한 방어 기제가 곧 노년의 정신 사회적 건강을 좌우하는 중요한 요소로 작용하기 때문에 그런 결과가 나온 것이다.

마틴 셀리그만도 『긍정 심리학』에서 같은 얘기를 한다. 'H=S+C+V'라는 행복 공식에서 H는 영속적인 행복의 수준, S는 이미 설정된 행복의 범위, C는 삶의 상황, V는 개인이 스스로 통제할 수 있는 자율성을 가리킨다.

영속적인 행복의 수준과 관련해서는 개인의 영속적인 행복의 수준과 순간적인 행복의 수준 사이의 차이를 인식하는 것이 중요하다. 순간적인 행복은 초콜릿, 코미디 영화, 꽃 같은 다양한 방법으로 쉽게 증가시킬 수 있다. 그러나 순간적인 긍정적 감정이 많다고 해서 영속적인 행복의 수준이 증가하는 것은 아니다. 삶의 상황이나 개인이 스스로 통제할 수 있는 자율성이 성숙한 방어 기제의 중요한 요소이다.

사람마다 누릴 수 있는 참된 행복은 차이가 있고, 참된 행복에 이르는 길도 다양하다. 긍정적 정서는 과거, 미래, 현재 세 가지로 나눌 수 있다. 첫째, 과거에 대한 긍정적 정서를 증가시키는 방법은 감사와 용서 그리고 결정론적 사고방식에서 벗어나는 것이다. 둘째, 미래에 대한 긍정적 정서를 배양하려면 비관적 사고를 정확하게 인식하고 반박할 능력을 길러야 한다. 셋째, 현재에 대한 긍정적 정서는 쾌락과 만족으로 나뉜다. 쾌락은 순간적이나 현실을 느긋하게 음미하며 관심을 기울일 때 승화시킬 수 있다. 만족은 쾌락보다 오래가는 것으로, 심취, 전념, 몰입을 특징으로 한다. 만족은 자기 자신의 강점과 미덕을 발휘할 때 얻는 것이다.

행복한 삶은 자신의 대표 강점을 잘 발휘하여 참되고 풍요로운 만족을 얻는 데 열중하는 것이다. 의미 있는 삶은 행복한 삶보다 한 가지 특징이 더 있다. 바로 자신의 대표 강점을 자신의 존재보다 더 큰 무언가에 이바지하는 데 활용하는 것이다. 이 세 가지를 아우를 때 진정으로 행복한 삶이 된다.

신체적인 행복 조건은 교육, 안정된 결혼 생활, 금연, 금주, 운동,

알맞은 체중을 말한다.

첫째, 교육을 많이 받은 사람이 더 행복하고 건강한 이유는 자기 관리에 충실하며 교육을 받음으로써 자기 삶의 진로를 스스로 결정할 수 있기 때문이다. 또한, 교육을 많이 받은 사람은 나이가 들어 근력이 떨어지더라도 지식을 활용하여 사회에 기여할 수 있는 일을 찾을 수 있다.

둘째, 알맞은 체중과 안정적인 결혼 생활, 규칙적인 운동 역시 건강한 노화를 위해 중요한 요소들이다. 비만은 담배를 피우는 것만큼이나 신체 건강에 나쁜 영향을 미친다. 행복한 결혼 생활과 규칙적인 운동은 신체 건강뿐만 아니라 정신 사회적 건강에도 좋은 영향을 미친다.

셋째, 금연과 관련해 50세 이전에 담배를 많이 피웠는지 여부는 건강한 신체적 노화에 큰 영향을 끼친다. 흡연은 널리 알려진 것처럼 악성 신생물, 심혈관 질환 그리고 골다공증에 의한 대퇴골 골절 등 수많은 질환 발생과 매우 밀접한 관련성을 갖는 생활 습관이다.

넷째, 알코올 중독은 노년의 정신 사회적 건강은 물론 신체적인 건강을 좌우하는 결정적 요소이다. 알코올 중독은 배우자나 가족, 직장 동료와의 관계 또는 사회 질서와 건강에 심각한 장애를 가져온다. 알코올 중독은 자살, 살인, 암, 심장 질환, 면역 체계 약화를 유발하며, 그로 인한 사망률이 간경변증이나 자동차 사고 사망률보다 더 높다.

행복해지려고 마음먹는 것은 준비 운동이며 실제로 행복해지려는 행동을 해야 한다. 마음만으로는 아무것도 이루어지지 않는다. 긍정적인 마음을 갖는 것은 정신 건강에 좋지만, 실제로 긍정적인 행동을 해야 효과가 나타난다. 금연과 금주도 마찬가지다. 단순히 담배를 끊어야지, 또는 술을 끊어야지 하는 생각만으로 금연과 금주가 실현되지 않는다. 머릿속에 있는 생각을 가슴을 거쳐 손이나 발로 옮기는 과정이 너무나 멀기 때문이다.

생각했으면 바로 행동으로 옮기는 실천력이 행복하고 건강한 삶을 보장한다. 교육도 이제 평생 교육 시대에 접어들었으므로 가방끈이 짧은 사람은 스스로 가방끈을 늘리면 된다. 언제 어디서나 배울 수 있는 환경에서 못 배운 탓만 하고 있다면, 그 책임은 본인 몫이다. 알맞은 체중이나 운동 역시 생각만으로 이루어지지 않는다. 지금 즉시 실천 가능한 행동을 적어보고 바로 시행해야 한다. 작심삼일이라도 우선 시작하는 것이 중요하다. 작심삼일을 백 번 하면 1년 동안 시도한 것과 같다. 정신 건강이든 육체 건강이든 타고난 것을 바꾸는 것은 본인의 노력과 실행에 좌우된다.

가치 있는 일을 찾아라

사람의 가치는 얼마인가? 사람들마다 가격을 매길 수 있을까? 당신 인생의 값은 얼마입니까? 라는 질문에 우리는 어떤 대답을 해야 하나? 전혜성 박사의 책 서문에 있는 문구가 인생의 의미를 다시 생각하게 한다.

교통사고, 산재사고로 사람이 사망하게 되면 손해배상 소송이 벌어지고, 그 소송의 결과 수억의 손해배상금으로 사건이 마무리 된다. 이렇게 수억의 손해배상금이 그 사람의 인생 값일까? 그 손해배상금으로 그 사람이 살아온 인생을 나타낼 수 있을까? 손해배상금은 그 사람의 현재소득을 중심으로 미래에 얼마나 벌 수 있는지 계산한 후에 과실율 등을 곱하여 산정하는 금액이라서 소득을 중심으로 사람 값을 평가하는 방식일 뿐이다. 사람을 가격으로 환산하는 방식은 도무지 맘에 들지 않는다. 그렇다면 진정한 인생의 가치는 무엇인가.

가치의 사전적 의미는 쓸모와 보람이다. 쓸모가 있는 삶, 보람이 있는 삶이 가치 있는 삶이다. 이러한 삶의 가치는 주관적인 것이다. 나이가 많은 사람일수록 손해배상금 산정에서는 가격이 떨어진다. 일정 연령이 지난 사람은 아예 가격을 매기지 않는다. 더 이상의 소득이 없을 것이라는 가정 하에 손해배상금을 0원으로 계산하는 것이다.

그러나 나이가 아무리 많더라도 삶의 가치는 떨어지지 않는다. 내가 쓸모가 있고 보람이 있다면 가치는 더 많아지거나 더 커질 수 있다.

가치 있는 삶이란 내가 할 수 있는 아주 사소한 일이라도 그것이 나만을 위한 것이 아니라 누군가에 도움이 되는 삶이다. 가치 있는 삶이란 세상이라는 거대한 수레바퀴의 동력이 되는 삶이다. 가치 있는 삶은 평생 자신이 모은 돈보다 부유하고, 오른 지위보다 더 높은 삶이다. 그렇다면 앞으로 인생을 어떻게 살 것인가에 대해 고민해봐야 한다. 가치 있는 삶을 산다는 것은 나의 재능으로 누군가를 좋게 만드는 것이다.

재능은 나만을 위해서 쓰는 것이 아니라 모두를 위해 쓰라고 만들어진 것이다. 이웃을 위해, 사회를 위해, 세상을 위해 우리가 할 수 있는 일이란 거창한 것이 아니다. 아무리 작은 일이라도 긍정적인 변화를 가져올 수 있는 일이라면, 아주 먼 미래에나 그 성과가 나타날지라도 발전적인 영향을 미칠 수 있는 일이라면, 그리고 지금 당장 그 일이 내가 할 수 있는 일이라면 그것은 충분한 의미와 가치를 지닌다.

혼자만이 아닌 함께 사는 세상을 만드는 것이 중요하다. 사람은 혼자 독야청청하며 살 수 없다. 우리는 어떤 공동체에든 속해 있으며 그 공동체에 이득이 되는 행동을 해야 한다. 그럼에도 우리는 혼자만 잘 살기 위해서 남을 밟고 가려한다. 재주가 아무리 뛰어나다 그 재주가 다른 사람을 위해, 세상을 위해 쓰이지 않으면 아무런 의미가 없다.

나의 존재가 세상 누군가에게 무엇인가가 되는 삶이 가치 있는 삶이다. 나 때문에 다른 사람이 행복하고, 나 때문에 다른 사람이 성공할 수 있다면 그것만으로도 가치 있는 인생이다. 가치 있는 삶은 과거나 미래가 아니라 현재에 있다. 현재에 충실하게 현재 내가 있는 곳에서 현재의 일을 나중에 후회하기 않도록 충실하고 일관성 있게 해야 한다. 그 일을 통해 내가 얻고자 하는 목표가 내 개인의 영달에만 그칠 것이 아니라 반드시 공동의 목표와 동일선상에 놓여야 한다.

필자는 현재 5가지의 역할을 즐겁게 하고 있다. 그것이 가치 있는 삶이라고 자부하기 때문이다. 내가 하고 싶은 일을 즐겁게 하면서 그것이 사회에 일부분이라도 기여할 수 있다면 그보다 더 큰 보람이 어디 있겠는가?

노사관계 전문가인 공인노무사로서 노사관계와 노동법에 대한 자문과 강의, 행복한 인생을 위한 내비게이터십스쿨 교장으로서 인생론과 행복론 강연, 시니어벤처협회, 한국위기청소년 지원협회, 등 사회활동, 노사관계와 노동법에 대한 최고의 전문가, 그리고 마지막으로 신선마을에서 농사짓는 농부로서의 역할을 충실히 하고 있다.

노사관계는 대한민국이 지속적으로 성장할 수 있는 본바탕이다. 물적자원이 부족한 환경에서 대한민국이 세계 속에서 생존하려면 노사관계가 잘 풀려야 한다. 그러한 노사관계에 대한 자문과 현장강의를 통해서 사회에 기여하는 보람을 느낄 수 있다.

행복하고 성공하는 인생을 살아가려면 무엇이 필요하고 어떤 행동을 해야 하는지에 대한 철학과 방법론을 펼치는 내비게이터십스쿨은 꿈을 찾아가는 사람들의 지도와 나침반 역할을 하고 있다. 함께 공부하는 학생 중에 가장 나이가 많지만, 새로운 것을 배우는 기쁨은 물론 내가 배운 지식과 지혜가 세상을 위해서 쓰여 질 수 있다는 기대가 쓸모 있는 인간임을 느끼게 한다. 중앙노동위원회는 전국에 걸치거나 산별노사관계에서 벌어지는 갈등을 조정하는 역할을 하는데 이역시 사회적으로 중요한 기능이다. 틈틈이 짬을 내어 시골에 가서 농사를 짓는 것도 몸은 힘들지만 삶의 의미를 다시 생각하게 한다.

은퇴할 나이에 박사 학위를 취득하고, 다시 농사를 배우고, 내비게이터십스쿨을 설립하는 것에 대해 주책이라고 비판하는 사람도 있다.

그렇게 얘기하는 사람에게 그럼 무얼 하면 되느냐고 물어보면 그냥 등산이나 다니고, 여행이나 다니고, 골프나 치러 다니면 되지 뭘 그렇게 벌리느냐고 한다. 등산, 여행, 골프, 다 좋은 것이지만 혼자만 즐기는 것이다. 박사과정을 마치고 사회에 봉사할 수 있는 기회를 만드는 것, 농사를 배워서 먹거리를 제공하는 것, 내비게이터십스쿨에서 행복한 인생을 강의하는 것이 그냥 놀러 다니는 것보다 훨씬 쓸모 있고 보람 있는 일이다. 은퇴 후 40년을 가치 있게 사는 방법을 찾아보자.

좋아하는 일을 하라

우리를 둘러싼 경제환경이 더욱 어려워지고 있다. 유럽의 경제위기 탓도 있지만, 우리 스스로 대비하지 못한 탓도 있을 것이다. 삶의 질QWL이 점점 더 좋아져야 하는데, 현실은 오히려 점점 더 후퇴하고 먹고사는 게 힘들어지고 있다.

그럼에도 우리는 희망을 가져야 한다. 길고 어두운 터널을 지나면 밝고 환한 빛이 보이듯이 우리도 경제위기라는 길고 어두운 터널을 지나고 있을 뿐이다. 그 터널을 빠져나오는 데 도움이 되는 스티브 잡스의 얘기를 통해 희망을 가져보자. 2011년에 가장 많이 사람들의 입에 오르내린 사람은 단연 스티브 잡스의 죽음이다. 안타까움과 함께 그가 했던 많은 말들을 되짚어보고 정리해 봤다.

스티브 잡스는 프리젠테이션의 대가로 알려져 있다. 그 중에서도 스탠포드 대학 졸업식에서 한 연설은 "Stay hungry, stay foolish"로 너무나 유명하다. 항상 배고픈 듯이 갈망하고, 바보같이 도전하라는 의미인데, 잡스가 만든 문구가 아니라 어릴 때 읽은 지구백과라는 책의 마지막 페이지에 적혀있던 문구를 삶의 좌표로 삼았다.

학교를 졸업하고 새로 세상에 나오는 학생들도 항상 갈망하고 항상 도전하기를 바라는 마음에서 연설의 마지막에 인용한 것이다. 그렇다! 배가 고파야 무엇을 찾게 되고, 내가 부족하다고 생각해야 무엇을 배우게 된다. 그런데 우리는 지금 너무 많이 먹어서 배가 부르고, 내가 최고라고 생각하니 배우려는 마음 자체가 없다. 물론 우리 주변에는 배고픈 사람도 많이 있다. 또 배울 기회를 갖지 못한 사람도 많다. 그러나 대부분의 일반인들은 너무 배가 불러, 너무 자만심에 차서 갈망하지 않고, 또 배우려 하지 않는다.

그런데 잡스의 연설문을 들어보면 이 stay hungry, stay foolish 보다 더 가슴에 와 닿는 문구가 있다. 현실에 안주하지 말고 진정으로 사랑하는 일을 계속해서 찾으라는 "Keep looking until you fine it. Don't settle"이다. 자신이 진정으로 좋아하고 사랑하는 일을 찾는 것은 인생의 행복과 성공을 보장하는 보증수표이다. 만약 아침에 일어나 신나게 출근 준비를 하지 못한다면, 아마도 크게 행복하지도 또 성공하지도 않은 평범한 삶이 될 것이다.

잡스는 운 좋게도 인생에서 정말 하고 싶은 일을 일찍 발견했는데 그 시작점이 대학을 중퇴했다는 사실이다. 만약 대학을 중퇴하지 않았다면 그 지겨운 필수과목을 듣느라 인생을 허비했을 텐데 중퇴한 덕분에 좋아하는 과목을 청강할 수 있었고 그것이 결국 맥이라는 컴퓨터를 만들어내는데 아주 중요한 역할을 하게 된다. 또한 애플에서 쫓겨난 것이 오히려 인생 최고의 기회를 만들어주었다고 한다. 인생역전이 다른 것이 아니다. 이렇게 최악의 상황을 최고의 상황으로 방향을 틀고 이를 또 다른 원동력으로 활용하는 것이다.

쫓겨나서 초심으로 돌아가니 인생에서 가장 창의력이 빛을 발하는 시기로 진입할 수 있는 '자유'를 안겨주었다고 한다. 그것이 바로 인생이다. 그는 애플에서 해고당하지 않았다면 성공도 없었다고 단언한다.

잡스는 우리 같이 평범한 사람이 아니고 전 세계에서 가장 뛰어나고 가장 성공한 사람이라서 그가 한 말을 우리가 그대로 실천한다고 하더라도 그와 똑같이 될 수는 없다. 그렇다고 하더라도 진정으로 좋아하고 진정으로 사랑하는 일을 찾는 작업은 누구나 꼭 해야 할 인생의 과제이다.

때로 세상이 여러분을 속일지라도 결코 믿음을 잃지 말고 좋아하고 사랑하는 일을 반드시 해내고야 말겠다는 단 한 가지 사실에 대해서 신념을 버리지 말아야 한다. 연인을 사랑하는 것처럼 일도 그렇게 해야 한다. 일은 인생의 대부분을 차지한다. 태어나서 학교공부를 마치고 사회에 나오는 순간부터, 아니 학비를 벌기 위해서 아르바이트를 하는 그 순간부터 일은 우리 삶의 모든 것이 된다. 그 일이 내가 싫어하는 것이라면 그 인생은 비참함 그 자체가 된다. 일은 인생에서 대부분을 차지하기에 진심으로 만족하기 위해서는 스스로가 위대한 일을 한다고 자부심을 가져야 한다. 돈만 벌기 위해서 일한다면 일과 돈의 노예일 뿐이다. 아무리 돈을 많이 번다고 하더라도 사회에 해가 되는 일을 좋아해서도 안된다. 돈을 많이 준다고 하더라도 옳지 않은 일을 감히 거절할 수 있는 자존감도 필요하다.

잡스는 위대한 일을 하는 유일한 방법은 그 일을 사랑하는 것이라고 했다. 만약 아직도 못 찾았다면? "Keep looking, don't settle" 현실에 안주하지 말고 계속해서 찾아야 한다. 진심을 다한다면 그것을 찾았을 때 알게 된다. 발견할 때까지 포기하지 말고 계속해서 찾아야 한다. 힘들어서 찾는 것을 포기하고 싶을 때도 있을 것이다. 그럼에도 불구하고 우리는 자신이 좋아하고 사랑하는 일을 찾아내야 한다.

그것도 어렵다면 지금 하는 일을 천직으로 생각하고 진심으로 좋아하면 된다. 짝사랑일지라도 진심으로 사랑하면 그 일이 좋아질 것이다.

잡스는 17세에 "하루하루를 인생의 마지막처럼 산다면, 언젠가는 바른 길에 서게 될 것이다."라는 글에 감명을 받아 매일 아침 거울 앞에서 "오늘이 내 인생의 마지막 날이라면, 오늘 내가 하려는 일을 하려고 할 텐가?"라는 질문을 스스로에게 했다. 만약 "아니오"라는 대답을 계속 하게 된다면 다른 것을 해야 한다는 걸 깨달았다고 한다.

시간은 한정되어 있다. 다른 사람의 삶을 사느라 시간을 낭비할 이유가 없다. 다른 사람에게 잘 보이기 위해서 치장할 이유도 없다. 다른 사람이 어떻게 생각할까에 파묻혀 자신이 진정 좋아하고 사랑하는 일을 포기할 이유도 없다. 내 인생항해의 선장은 바로 나이기 때문이다. 내 인생항해에 다른 사람이 끼어들게 할 필요도 없다. 자신의 인생은 자신이 조종하는 대로 가기 때문이다. 다른 사람의 생각에 따라 살거나 타인의 신조에 빠져들지 말아야 한다.

그리고 가장 중요한 것은 자신의 마음과 직관을 따르는 용기를 갖는 것이다. 마음과 직관은 이미 진정으로 되고 싶고 하고 싶은 것이 무엇인지, 진정으로 좋아하고 진정으로 사랑하는 일이 무엇인지 알고 있기 때문이다. 그것이 인생이다.

"Keep looking, don't settle"

삶의 향기, 그 아름다운 유산

최근에 친하게 지내던 노동관련 학자가 암으로 유명을 달리했다. 그것도 2명을 한꺼번에 간암과 폐암이라는 병명으로 보내야 했다. 그때 나는 사는 것이 무언지 다시 고민하게 됐다. 암의 발병요인은 변화무쌍해서 왜 암에 걸렸는지 정확하게 파악하는 것은 쉽지 않다. 그러나 돌이켜 보면 일을 좋아하고, 사람을 좋아하고, 술을 좋아했다는 공통점을 가지고 있다.

일을 좋아해서 날밤을 새면서도 연구에 몰입하는 것은 물론이고 사람과 술을 좋아해서 2차, 3차까지 밤새워서 얘기하고 술을 마신다. 소위 노동을 업으로 삼는 사람이 육체적인 한계를 무시하고 밤새워 일한다는 아이러니를 볼 수 있다. 다른 사람들에게는 8시간만 근무하고 인간다운 생활을 해야 한다고 떠들면서, 정작 본인은 살인적인 장시간 연구에 버틸 수 있는 장력의 한계를 넘고 만 것이다.

사람을 좋아하고 술을 좋아하는 것도 의미있지만, 건강을 해칠 정도로 도가 지나친 것은 사람을 살리는 것이 아니고 오히려 사람을 죽이는 독이다. 스스로 자신의 정신적, 육체적 건강을 잘 살펴야 할 시기이다. 죽음은 언제 우리 곁에 다가올지 모르기 때문이다.

죽음이 우리 곁에서 우리는 노리고 있다면, 우리의 삶을 좀 더 아름답고 향기롭게 가꾸어야 하고 아름다운 유산을 남겨야 한다. 나는 어떤 향기를 내뿜고 있을까? 나는 죽은 다음에 어떤 평가를 받을까? 나는 세상에 어떤 유산을 남기고 갈까? 등등의 질문을 던져본다.

수많은 꽃들은 각자의 자리에서 작자의 향기를 발산한다. 다른 꽃의 향기를 시기하지도, 간섭하지도 않는다. 그리고 꽃이 지고 나면 열매를 맺어 씨앗이라는 유산을 후대에 남긴다. 사람도 각자 자신의 몫이 있고 자신의 향기가 있다. 그 향기가 아름답게 퍼지는 사람이 있는 반면, 독한 냄새를 풍기는 사람도 있다. 함께 아름다운 세상을 만들려는 사람이 있는 반면, 혼자만 살려고 썩은 냄새를 퍼뜨리는 사람도 있다.

　아름다운 인생을 살아가는 사람들은 4가지의 향기를 갖고 있다. 기본적 향기, 물질적 향기, 정신적 향기, 그리고 사회적 향기가 그것이다.

　기본적 향기는 사람이 살아가는 데 꼭 필요한 기본적인 것으로 건물의 기초와 같은 역할을 한다. 여기에는 학습과 일이 포함된다. 우리는 죽을 때까지 배우고 또 일을 한다. 어릴 때 배운 지식을 바탕으로 직업을 선택하고 선택한 직업이 삶의 든든한 기초로 작용한다. 학습과 일이 없다면 동물과 마찬가지로 먹고 사는 것 이외에는 관심이 없을 것이다. 이러한 학습과 일은 혼자만 잘 먹고 잘살기 위한 도구가 아니라 다른 사람과 함께 살아가기 위한 바탕이 되도록 해야 한다.

　물질적인 향기는 돈에 관한 얘기다. 돈은 좋은 것이다. 돈을 꽃으로 비유한 사람도 있다. 우리는 돈이라는 것을 매개체로 하여 삶을 살아간다. 무엇을 얻기 위해서는 반드시 돈이 필요하다. 공짜로 주어지는 것은 별로 없다. 대가를 지불해야 내가 필요한 것을 얻을 수 있다.

의식주를 해결하고, 애들 키우고, 노후생활을 하는 데 돈은 반드시 필요한 존재이다. 돈이 좋은 것이라 하더라도 정당한 방법으로 버는 돈이 의미가 있다. 이러한 돈은 향기가 난다.

반면에 부정한 방법으로 버는 돈은 냄새가 난다. 돈은 향기롭게 벌어서 향기롭게 써야 한다. 돈의 노예가 되기보다는 돈의 주인이 되어야 한다. 혼자만 잘사는 것이 아니라 함께 잘사는 데 돈을 써야 한다. 버는 것도 중요하지만 쓰는 것은 더 중요하다. 아름다운 돈의 향기가 나도록 하자.

정신적인 향기는 자신의 인생을 행복하게 가꾸는데 필요한 것으로 꿈과 도전, 긍정적 사고, 끈기와 자존감으로 표현할 수 있다. 큰 꿈을 가지고 도전해서 그것을 이루어야 한다. 꿈만 가지고 있다고 해서 향기가 나는 것이 아니라, 도전하는 삶에서 아름다운 향기가 난다. 꿈을 가지고 있지만 도전하지 않고 행동하지 않는 사람을 몽상가라 부른다. 향기가 없는 꽃이다. 아무리 아름다운 꽃이라도 향기가 없으면 벌과 나비가 오지 않는다. 꿈을 가지고 도전을 하되 긍정적인 사고를 바탕으로 해야 한다.

세상일은 어느 것이나 양면성을 가지고 있지만, 가능하다면 좋은 쪽으로 생각하고, 그것에서 얻을 수 있는 것이 무엇인지 찾아보자. 꿈을 가지고 도전했으면 포기하지 말고 끝까지 버텨야 한다. 물은 99도에서 끓지 않는다. 100도가 되어야 수증기가 된다. 그럼에도 대부분은 99가지 해보고 마지막에서 포기한다.

마지막으로 자신을 스스로 사랑해야 한다. 스스로 자존감을 갖지 않는 한 다른 사람이 존경심을 나타낼 이유가 없다. 정신적인 향기는 사람의 존재가치를 잘 나타내준다.

사회적인 향기는 함께 살아가는 데 필요한 덕목이다. 서로 상대방을 신뢰하고, 소통하며, 공감하고, 배려하고, 존중하는 세상이 아름다운 삶이다. 믿지 못하는 사회는 이미 죽은 사회이다. 남을 속이면서 내 잇속을 차리는 사람이 잘 사는 사회는 이미 냄새가 나는 사회다. 서로 소통하지 않고 막혀있는 관계는 오래가지 않는다. 내가 먼저 마음을 열어야 소통이 된다. 말로만 소통하는 것이 아니라 가슴으로 소통을 해야 한다. 정치, 경제, 사회의 모든 면에서 불통만 있고 소통이 없다보니 냄새는 진동을 하지만 향기가 나지 않는다.

서로 공감하고 배려하고 존중해야 한다. 뿌린 대로 거두고, 베푼 대로 돌아온다. 내가 뿌리지 않고 내가 베풀지 않으면서 돌아오기를 바라는 것은 도둑심보에 불과하다. 내가 먼저 손을 내밀고 향기를 뿜어보자. 사람 사는 세상을 만드는데 누가 먼저 하면 어떠랴.

꽃은 젖어도 향기는 젖지 않는다. 꽃은 젖어도 빛깔은 젖지 않는다. 사람은 죽어도 그 사람의 향기는 우리의 가슴속에 남아있다. 기본적인 향기, 물질적인 향기, 정신적인 향기, 사회적인 향기가 세상을 지배하는 날을 우리가 만들어가자.

294

에필로그

인생·역전의 8가지 법칙

현자는

모든 것에서 배우는 사람이고

강자는

자신을 이기는 사람이며

부자는

자기 스스로 만족하는 사람이다.

−최인호의『상도』중에서

에필로그

내가 살아온, 살아가는, 살아갈 얘기를 내비게이터십의 8개 덕목에 맞추어 『역전한 인생 vs 여전한 인생』이라는 책으로 꾸몄다. 살아있다는 것은 그 자체로 행복이고 희망이다. 그리고 스스로 자신의 꿈을 크게 가지고 도전해서 무엇인가를 이루어내는 것이 성공이다.

행복하고 성공하는 삶은 다른 사람이 주는 것이 아닌 스스로 만들어 가는 연극 무대이다. 나는 내 연극의 시나리오 작가이며, 제작자이면서 연출가가 되고, 나 스스로 주인공이 되어야 한다. 구경꾼이 아닌 삶의 주체로서 인생 항해를 스스로 해 나가야 한다.

문병란의 시 「희망가」에서도 "인생 항로 파도는 높고 폭풍우 몰아쳐 배는 흔들려도 한 고비 지나면 구름 뒤 태양은 다시 뜨고 고요한 뱃길 순항의 내일이 꼭 찾아온다."라고 노래했다. 아무리 험한 폭풍우가 몰아치더라도 구름 위에는 항상 태양이 비추고 있다. 즉, 절망이라는 구름 위에 희망이라는 태양이 우리를 기다리고 있다. 꿈을 버리지 않는 한 희망은 우리를 안전한 항구로 인도할 것이다.

우리가 가진 생명의 시간은 한정되어 있다. 그러니 다른 사람의 삶을 사느라 시간을 낭비할 이유는 없다. 다른 사람의 생각에 따라 살거나 신조에 빠져들지 말고, 자신의 마음과 직관을 따르는 용기를 갖는 것이 중요하다.

인생이라는 항해를 하려면 먼저 내가 가고자 하는 목적지(꿈)를 찾아야 한다. 그리고 현재 서 있는 곳이 현재 어디인지를 파악한 후 경유지를 선택해야 한다. GPS를 활용한 내비게이션과 마찬가지로 목적지, 현재지, 경유지를 선택하는 것은 스스로의 몫이다. 그러한 인생 항해에서 반드시 필요한 행동 방식이 '스스로 함께 더 크게 세계로'이다.

인생에서 실수는 있지만, 실패는 없다. 실패를 경험으로 바꾸어 새로운 도전을 한다면, 그 실패는 성공의 기초가 될 것이기 때문이다. 두렵지만 그냥 저지르면 방법이 나타난다. 궁하면 통하고, 당하면 대응 방법을 찾는다. 어떤 일이든 공짜로 생기는 것은 없다. 인생은 대가를 지불하도록 프로그래밍 되었기 때문에 지금 주어진 삶을 항상 소중하게 생각하고 기쁨으로 받아들여야 한다. 그것이 인생이다. 소심하게 굴기에는 인생은 너무 아깝다. 준비된 사람에게 운도 따르는 법이다.

스스로 함께 더 크게 세계로! 이것은 행복하고 성공하는 삶을 위한 기본 전제이다. 우리는 인생의 주인공이 되어 모든 일을 스스로 생각하고 행동해야 하며, 다른 사람과 함께 더불어 살아가야 한다. 그리고 부가가치를 더 크게 만들고 세상을 더 좋게 만드는 플러스(+) 사고가 필요하다.

마지막으로 세상은 넓고 할 일은 많으므로 세계를 무대로 활동 범위를 넓혀야 한다. '스스로 함께 더 크게 세계로'는 국제화, 무한 경쟁, 디지털, 창의 지식 경제를 바탕으로 하는 미래 사회에 개인과 조직, 국가의 생존 방식이 되어야 한다.

끝으로 Navigatorship Wheel을 다시 정리해 본다.

1st Wheel : My Dream(꿈)

생생하고 선명한 꿈을 꾸어라. 그리고 이루어질 때까지 열심히 공부하고 일하라.

2nd Wheel : My Human Networking(관계)

다른 사람과의 관계에서 '50:50의 법칙'을 지켜라. 좋은 만남이 인생을 술술 풀리게 한다.

3rd Wheel : My Challenge(도전)

우리는 1만 번 넘어진 후에야 겨우 걸음마를 배운다. 세상에 공짜로 얻어지는 것은 없으니 끊임없이 도전하고 또 도전하라.

4th Wheel : My Talent(재능)

자신만의 특별한 전문성을 키워라. 10,000번을 연습하면 불가능은 없다.

5th Wheel : My Activity(행동)

즉시 행동으로 옮기고 실행에 집중하라. 머리로 생각하고 가슴으로 느끼며 손발로 움직여라.

6th Wheel : My Basic(기본)

인간으로서의 기본 인성을 계발하고 싹수(싸가지)가 있는 사람이 돼라. 싹수가 없는 사람에게 성공은 비켜간다.

7th Wheel : My Preparation(준비)

10년 후, 20년 후의 미래를 준비하라. 자고 일어나서 유명해진 사람은 없다.

8th Wheel : My Enthusiasm(열정)

식지 않는 열정으로 스스로 땀을 흘려라. 피와 땀과 눈물만이 성공과 행복을 보장한다.

당신의 내비게이터십 휠을 그림으로 표현해 보세요

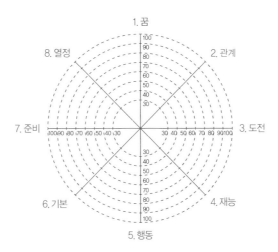

1. 꿈

8. 열정

2. 관계

7. 준비

3. 도전

6. 기본

4. 재능

5. 행동

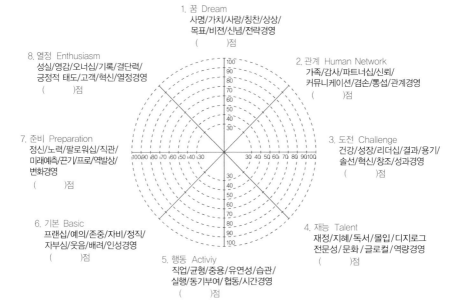

1. 꿈 Dream
사명/가치/사랑/칭찬/상상/
목표/비전/신념/전략경영
( )점

8. 열정 Enthusiasm
성실/영감/오너십/기록/결단력/
긍정적 태도/고객/혁신/열정경영
( )점

2. 관계 Human Network
가족/감사/파트너십/신뢰/
커뮤니케이션/겸손/통섭/관계경영
( )점

7. 준비 Preparation
정신/노력/팔로워십/직관/
미래예측/끈기/프로/역발상/
변화경영
( )점

3. 도전 Challenge
건강/성장/리더십/결과/용기/
솔선/혁신/창조/성과경영
( )점

6. 기본 Basic
프랜십/예의/존중/자비/정직/
자부심/웃음/배려/인성경영
( )점

4. 재능 Talent
재정/지혜/독서/몰입/디지로그
전문성/문화/글로컬/역량경영
( )점

5. 행동 Activiy
직업/균형/중용/유연성/습관/
실행/동기부여/협동/시간경영
( )점

301

출간후기

8개의 키워드와 함께하는 인생의 'Navigatorship'으로
누구나 역전한 인생의 주인공이 되길 기원합니다!

권선복
도서출판 행복에너지 대표이사
영상고등학교 운영위원장

인생이란 표 하나 달랑 들고 타는 열차와도 같다는 옛말이 있습니다. 출발지는 알 수 있지만 종착지는 그 누구도 알 수가 없습니다. 그저 종착지가 있다는 사실 하나에 기대어 아무것도 모르는 열차에 몸을 싣고 달리는 셈입니다.

이 긴 여행의 과정에서 행복과 기쁨을 느끼는 사람들도 있지만 출발지가 보잘것없고 힘겨운 위치였기에 종착지도 그와 같으리라 생각하고 미리부터 모든 것을 포기하며 좌절하는 사람들도 있습니다.

이렇게 종착지도 알 수 없고, 어떤 열차를 타야 하는지도 알 수 없기에 더욱 버겁게 느껴지는 것이 우리의 인생입니다. 하지만 이러

한 우리 인생에 방향을 알려 줄 '내비게이션'이 있다면 어떨까요? 이 책『역전한 인생 VS 여전한 인생』은 구건서 저자가 개발한 인생의 'Navigatorship'에 기반하여 우리의 인생을 더 나은 방향으로 안내해 줄 8가지 키워드를 소개하고 있습니다.

저자는 내비게이션을 활용할 때 목적지를 먼저 찍는 원리로 무엇보다 먼저 자신이 하고 싶은 꿈을 찾아야 하며, 그다음으로 현재 자신이 어디에 있는지 스스로 진단을 하여 인생 내비게이션에서 현재 위치를 설정해야 한다고 이야기합니다. 이렇게 자신의 꿈과 현재 위치를 연결하면 경로가 설정되는데, 이 경로가 구체적인 실천 방안이 된다는 설명입니다.

또한 구체적인 인생 경로의 실천을 위한 8가지 키워드로 소개되는 조언 하나하나는 어린 시절 가난을 피해 가출하고, 배고픔을 견디다 못해 오천 원을 훔친 죄로 소년원에 들어가는 등의 고난 속에서도 생의 올바른 방향을 믿고 도전을 통해 노동법 전문가로서 활동하게 된 저자의 인생을 반영하고 있습니다.

그 어느 때보다 역동적으로 변화하는 사회 속 인생의 방향을 찾아 방황하며 고뇌하는 사람들이 날로 늘어나고 있는 세상입니다. 이러한 사회 속에서 이 책『역전한 인생 VS 여전한 인생』이 보여주는 'Navigatorship'으로 '역전한 인생'을 만들어 가는 힘이 더 많은 분들에게 팡팡팡 샘솟아 오르길 기원합니다.

하루5분, 나를 바꾸는 긍정훈련

행복에너지

'긍정훈련' 당신의 삶을
행복으로 인도할
최고의, 최후의 '멘토'

'행복에너지
권선복 대표이사'가 전하는
행복과 긍정의 에너지,
그 삶의 이야기!

인터파크
자기계발 분야 주간
베스트 1위

권선복 지음 | 15,000원

권선복

도서출판 행복에너지 대표
지에스데이타(주) 대표이사
대통령직속 지역발전위원회
문화복지 전문위원
새마을문고 서울시 강서구 회장
전 팔팔컴퓨터 전산학원장
전 강서구의회(도시건설위원장)
아주대학교 공공정책대학원 졸업
충남 논산 출생

책 『하루 5분, 나를 바꾸는 긍정훈련 - 행복에너지』는 '긍정훈련' 과정을 통해 삶을 업그레이드하고 행복을 찾아 나설 것을 독자에게 독려한다.

긍정훈련 과정은 [예행연습] [워밍업] [실전] [강화] [숨고르기] [마무리] 등 총 6단계로 나뉘어 각 단계별 사례를 바탕으로 독자 스스로가 느끼고 배운 것을 직접 실천할 수 있게 하는 데 그 목적을 두고 있다.

그동안 우리가 숱하게 '긍정하는 방법'에 대해 배워왔으면서도 정작 삶에 적용시키지 못했던 것은, 머리로만 이해하고 실천으로는 옮기지 않았기 때문이다. 이제 삶을 행복하고 아름답게 가꿀 긍정과의 여정, 그 시작을 책과 함께해 보자.

『하루 5분, 나를 바꾸는 긍정훈련 - 행복에너지』